民國嵊縣志 2

紹興大典

史部

中華書局

嵊縣志卷六

學校志

學田

（李志）明隆萬間置田地山塘租入解縣以濟貧生萬歷二十五年增置田地山塘則移學爲課士資舊志缺載增置者今並列入幷附義學田庶使後有所考云

縣給貧生田每歲各佃共納租銀一十兩七錢九分五釐解司轉解學院賑給貧生膏火五十四都度出盈田一十二畝二分地二百六十七畝九分二釐二毫山一百三十七畝九分六釐九毫俱坐一圖塘一百一十畝六分八釐四毫坐二圖隆慶四年知縣薛周置

十九二十都田六畝三分嘉靖四十年生員尹紹元以易官山者土名水塘坵坐八里洋坂

三十都田十畝隆慶元年義民鄭廷楷捐
三十六都田三畝二分二釐坐後岸坂歲字二百八十四號
四十九都田四畝七分九釐一毫來字一百四十三號二百一十九號地三畝
二分六釐八毫義民魏國濟捐
四十六都田九畝八分義民王世儼捐
十六都田八畝三分六釐五毫陳家塢八十一號風簾坂三號六號九號十號十一號十二號十三號民王徭討王積實唐生告爭入官者知縣姜克昌置明趙錦記見藝文志
五十三都田二十四畝八分七釐七毫二圖東山坂談字九十六號八十一號并三十二號湖塍坂二百五十三號董姑坂一百四十四號起至一百五十一號止凡八號無號田四畝九
分二釐五毫坐湖塍坂四坵吳向春告爭入官者
三都田七畝二圖凡二坵湯希文入官者

五十三都田一畝三分五釐坐董姑坂吳中貴入官者

以上共計田八十四畝一分七釐一毫計地二百七十八畝一分九釐計山一百八十七畝九分六釐九毫計塘一百十畝六分八釐四毫

課士費田萬歷二十五年知縣王學夔度鹿苑廢弛寺田移籍學宮每歲額租田二十四兩有奇山地塘四錢有奇今田租止一十八兩九錢零地租一錢山久荒無租周汝登記見藝文志

寺前坂田三十六畝三分零二毫山五畝五分地九分九釐八毫

苦竹上坂田二十五畝塘六分

苦竹後坂田三畝七分

蓮塘西坂田二十畝三分二釐二毫

苦石東坂田十畝零一分八釐四毫

寺西園坂田一畝六分四釐七毫山三畝三分

周邨西坂田一畝三分八釐二毫

周邨下坂田一畝零一釐

剡山書院田地山塘

西一圖剡溪義學戶

吳家洋上坂一田九畝四分九釐三毫四田六畝二分七釐

塘一畝五釐

吳家洋下坂四田四畝六分六釐一毫塘一畝五分

广坂坑一田六畝九分八釐塘一分

上下坂一田三畝二釐

了溪下洋坂由一田一畝五分

瓦窰坂一田二畝四分五釐四毫由四田一畝三分五釐六

毫
杜城岸坂四田四十四畝二一分六釐八毫山十二一畝九分九釐八毫地十三畝四分三釐五毫塘五分
澤城岸坂四田十畝六分四釐五毫地一畝
南山坂地三畝山六畝三分九釐六毫
碑山後坂由四田九分一釐六毫
峰廉青坂由四田八畝七分六釐六毫
此戶計田一百一十畝零二一分五釐七毫計地十七畝四分三釐五毫計山十二一畝九分九釐八毫計塘三畝一分五釐

二都義學田戶
南山坂四田二畝一分七釐六毫

此戶計田二畝一分七釐六毫

以上田地山塘康熙六十年知縣宋數捐置田四十三畝三分零塘二畝六分監生裘懿德捐田二畝四分乾隆十七年知縣石山將圓覺堂僧人許訟菴田詳撥書院經費田五十七畝三分零地十七畝四分零山十九畝二分零塘五分零前知縣劉斷撥東郭互爭田二畝碑山菴互爭田八畝八分

西一圖義學附地戶

潭過坂地三十四畝零乾隆十四年知縣蕭起鳳因章童二姓互爭荒地詳撥書院此地曡被水衝存剩無幾乾隆五十七年知縣周丕查丈現在實存地十六畝五分零

西一圖義學膏火戶

陶莊坂四田六十一畝二分零
義公塢下坂一田三十四畝一分零
陳義坂四田四畝五分零
以上共田九十九畝九分一釐四毫乾隆二十年知縣戴椿因資福寺僧訐訟詳撥育嬰堂經費旋因建堂費大且嵊無棄兒溺女惡習毋庸建堂二十三年知縣竇忻詳請改撥剡山書院生童膏火
二十五都雨花菴充入書院戶
木馬下坂一田五畝八分九釐四田三十四畝一分八釐七毫塘五分五釐
花田坂一田十畝一分零四田六分零
以上共田五十畝零塘五分五釐乾隆四十四年知縣胡

翹楚因兩花菴僧許訟詳奉撥充書院生童膏火以上道光志

八九十都二圖江家莊充入書院戶

茹湖坂一田一畝九分三釐七毫

遶亭下坂四田一十畝二分四釐三毫地九畝六分九釐塘

八分正

此戶共田十二畝一分八釐地九畝六分九釐塘八分

附都報恩寺充入書院戶

官莊北坂一田四畝七分六釐三毫

建安坂一田一畝二分四釐

黃尖坂一田四畝正

許門坂一田二十二畝二分三釐二毫四田七畝一分五釐

此戶共計田三十九畝三分八釐六毫

輔仁書院田地

三十六都輔仁書院戸

官莊西坂一田六十四畝九分零四田十畝三分零塘二畝零

官莊東坂一田二十一畝四分零四田一畝二分零地基四畝六分零

以上共田地一百四畝零乾隆五十三年知縣唐仁埴因大仁寺僧俗訐訟撥充輔仁書院膏火

童試戸

福勝菴充童試戸田

趙家田坂共田二十七畝零七釐六毫

趙家田坂塘五分三釐

此田係道光十一年知縣言尚熙因僧俗訐訟詳請撥充邑人呂燮煌田界敍菴田充公計念七畝有零坐趙家田坂在福泉山之麓其在拆坑嶺路下者高高下下毗連一處並無別人田畝以間之分爲四路每路約計田六畝傍路一帶計五十餘坵總土名水孔坵沿山坡一帶計六十餘坵總土名大菴山脚有塘有水孔可以車救是謂上半路田最好至水孔坵下沿坑者約五十餘坵總土名坑塘脚旁有本田六坵以間之至大菴山脚下沿坡者亦約有五十餘坵總土名油廠田是謂下半路其田較上半路爲稍次再向北數百步有一小山坡土名黄公山有塘一塘口計田三坵約二畝零塘與裘姓各半以下即裘姓田也八方盡埋石爲界糧號共念七畝有零實有四十餘畝之廣余親詣其地恐後人之混雜也爰歸而爲之敍

永慶菴充童試戶田

剡城上坂田七畝四分

剡城下坂田四十二畝五分一釐四毫

剡城南坂田二畝九釐九毫

剡城下坂塘一分正

此田係道光十三年因僧俗訐訟紳士周華齡等呈請知縣蔣嘉璋撥充詳請立案

天竺寺充童試戶田

天竺寺坂田八十三畝九分一釐六毫

董公上坂田四畝二分六釐三毫

董公上坂地拆七分一釐五毫

石門東上坂田二十畝八分一釐九毫

卜家門前坂田二畝零六釐七毫

西坑坂田二畝二分五釐六毫

此田係道光二十八年因僧俗訐訟知縣陳鍾彥撥充詳請立案

慨捐童試戶田

劈刀坂田一畝一分八釐八毫塘二分
高罕坂田三畝七分四釐二毫塘一釐
　此戶張鳴臯捐
上朱坂田二畝
　此戶錢芳龍捐
入籍捐童試戶田
關嶺下西坂田二畝四分
民沃坂田一畝正
馬岼坂地五分正田七分三釐一毫
寒蘆坂田二畝一分一釐四毫
茅洋坂田一畝正
馬岼坂田一分四釐六毫

江家坂田二畝九分二釐六毫
下洋坂田一畝二分九釐九毫
乳母后坂田拆一畝正
牛欄上坂田二分七釐五毫
鮑湖坂田八分一釐六毫
官莊上坂田七分九釐六毫
並湖中坂田五分八釐二毫
苦竹下坂田九分九釐
石馬坂田一畝九分
青塘外坂田　畝九分五釐
鹽宅坂田二畝四分五釐
白竹坂田一畝九分九釐三毫

湖橋下坂田一畝五分二釐五毫
塔基坂田拆二畝正
九婦成坂田二畝七分八釐
九婦余坂田一畝三分八釐二毫
南山坂田七分五釐二毫
油車坂田一畝五分正
南渡坂田二畝零二釐五毫
南塘坂田九分三釐八毫
榧本坂田三畝七分七釐
艮坑西坂田二畝六分三釐三毫
大灣坂田一畝九分
東西坂田八分一釐六毫

趙墺坂田一畝二分四釐
南山坂田四畝
康郎坂田二畝
秋字坂田一畝
馬安山坂田一畝六分五釐又五分六釐二毫
同　坂田二畝五分五釐二毫
坑東坂田五畝零二釐七毫
合邑鄉試卷資田
二十六都一圖合邑鄉試田戶
往字坂四田十二畝二分零地五畝零塘一畝四分
余字坂田七分零
程字坂一田二畝一分零

成字坂四田三畝七分零

以上共田十八畝零地五畝零塘一畝四分布理問周豐垣捐助

雨花菴充鄉試田

二十五都科舉路費戶

逵溪坂一田四十三畝九分零四田四畝七分零

木馬中坂四田六分零

以上共田四十九畝零乾隆四十四年知縣胡翹楚因雨花菴僧訐訟詳奉撥充書院膏火後公議改歸鄉試路費

大仁寺撥充鄉會試田

三十六都鄉會試田戶

官莊西坂一田四畝五分

下城坂一田十二畝零四田四分零
儒林北坂一田二畝二分零
方山下坂一田六畝八分零四田二畝二分零
前王坂一田八畝五分零塘二分
婁下北坂一田一畝二分零
馬家門前坂一田一畝九分零
庫東坂一田一畝九分零
山根坂塘拆三分
苦竹上坂四田一畝三分零塘拆一分
婁下南坂一田一畝二分零
湖纔坂一田一畝二分零
官莊東坂一田二十九畝零

以上共田八十一畝零塘六分乾隆五十三年知縣唐仁
埴因大仁寺僧許訟撥充鄉會試路費

合邑公捐鄉會試田

喻大中捐田二十畝　周貴瓚捐田十五畝內水衝十畝
周鳴鳳捐田十畝　周大用捐田五畝
張士能捐田四畝五分　魏樂山捐田四畝五分
邢協勳捐田六畝三分　張繼文捐田六畝三分
裘克配捐田六畝　錢洪文捐田六畝
馬明倫捐田六畝　吳克敦捐田六畝
魏　詩捐田六畝　郭君實捐田四畝三分
支世顯捐田四畝　魏輔昊捐田四畝
魏汝鴻捐田四畝　徐安邦捐田四畝

應佩絅捐田四畝內水衝二畝五分
鄭　蘭捐田三畝三分
魏亨來捐田三畝二分
應紹濂捐田三畝內水衝一畝
張有藝捐田三畝
王澍策捐田三畝
錢傳璧捐田三畝
駱翰章捐田三畝
黃良韶捐田三畝
錢　敏捐田三畝內除墳基三分
錢　珍捐田二畝三分
邢協熙捐田二畝二分

王啟豐捐田四畝
裘煥忠捐田三畝二分
周藏用捐田三畝
黃良輔捐田三畝
竺英越捐田三畝
竺蓮艇捐田三畝
郭顯玫捐田三畝
張家齊捐田三畝內水衝二畝
姚國豐捐田三畝
裘克潤捐田二畝五分
黃南仲捐田二畝二分
周昌遐捐田二畝二分

孫大成捐田二畝
周敬用捐田二畝
錢永頌捐田二畝
馬彭齡捐田二畝
葉兆學捐田二畝
張仲孝捐田二畝
潘忠瑄捐田二畝
趙松祖捐田二畝
周光煒捐田二畝
吳肇奎捐田二畝
駱正還捐田二畝
姚遵忠捐田二畝
姚國本捐田二畝
馬彭統捐田二畝
錢　煥捐田二畝
張廷傑捐田二畝
李克照捐田二畝
俞濟聖捐田二畝
袁秀榮捐田二畝
丁肇夏捐田二畝
丁靜齋捐田二畝
馬肇棠捐田二畝
竺　漣捐田二畝
任聲洪捐田二畝

張基聖捐田二畝
周　賢捐田二畝
張　暐捐田二畝
丁鴻漸捐田二畝
王待璣捐田二畝
錢慶餘捐田二畝
孫芳遂捐田一畝六分
胡杏芳捐田一畝六分
丁肇豐捐田一畝五分
周景發捐田一畝五分
錢紹琳捐田一畝五分
袁德明捐田一畝五分

張顯道捐田二畝
張必語捐田二畝
董維熊捐田二畝
樓大學捐田二畝
錢章璜捐田二畝
薛爾顯捐田一畝八分
錢聖被捐田一畝六分
裘克尙捐田一畝五分
陳　奇捐田一畝五分
宋　班捐田一畝五分
尹秉鈞捐田一畝五分
唐峻德捐田一畝五分

竹配棠捐田五畝一分　沈鶴林捐田五畝一分
陳翔雲捐田五畝一分　鄭彥文捐田五畝一分
俞衡孝捐田五畝一分　宋乾遐捐田四畝一分
尹　棠捐田四畝一分　呂一嵩捐田四畝一分
王杏芬捐田四畝一分　鍾敬義捐田四畝一分
呂華福捐田三畝一分　呂　獻捐田三畝一分
裘移孝捐田三畝一分　童三重捐田三畝一分
王永清捐田三畝一分　劉　純捐田二畝一分
呂思備捐田二畝一分　施祖超捐田二畝一分
竺從龍捐田二畝一分　袁　憲捐一畝
周昌敬　呂　咸　呂　乾　張聲榮
呂慶鎈　吴剛中　吴剛大　尹守正

張啓豐　張　疇　史與理　周宗濂
錢鵬飛　錢事逵　錢學楨　錢傳統
錢芳蓀　錢維翰　應廷揚　劉　椿
馬德明　陳義種　王風鑑　張國宰
馬祚柏　張　基　錢師仲　宋客周
宋希濂　陳兆臻　樓克振　樓克聖
張達相　袁道昌　張天英　史載文
沈彝正　裘克光　裘克祺　裘仕涓
裘有光　裘鳳祥　裘章侯　裘兆鰲
史薛元　張我威　張曜起　張翟起
張錫圭　張錫照　張　澐　張　衮
張　典　張　弦　張紹翰　張國舜

朱明揚 黃爲節 史寧忠 史義禎
史其義 馬宗廣 王立如 單仁榮
吴克廣 吴之陛 俞孝懌 俞孝遠
俞孝善 俞存濟 周廣志 張永清
陳曾鳳 孫廷翰 唐性童 汪潛瑩
尹鳴玉 王懷源 盧正元 劉漢川
賈鳳岐 沈天民 周　韶 周槐三
周貴蕃 周　煒 周鳳梧 周錫齡
盧武臣 錢紹炳 錢紹森 錢　煒
錢　瑞 錢傳絅 錢明廣 邢知甫
邢處清 邢處洪 劉大戒 劉初忠
馬聖堯 裘　華 裘　沖 裘發強

張廷侯	黃啓文	黃啓鳳	黃大琳
黃正中	馬煥文	金仲聖	張式鰲
張深基	竺忠文	錢士英	錢益森
裘國佑	駱望元	丁有緣	宋炎中
宋讓忠	葉　藩	黃錦崑	周召甫
裘舜翁	張書紳	張仲賢	張鳴皋
尹遠創	周朝城	樊國正	金期德
金有朋	俞友敦	俞存紳	俞睿廷
宋弈林	俞鳳音	俞　惠	王乘車
王殿光	王啓仁	王允武	董士興
單稷臣	唐開科	姚則堯	竺道孝
竺靜遠	竺增華	丁正宏	季載賢

胡贇　尹自豪　張景南　簡增朝

王英祥以上各捐田一畝內王英祥田水衡一畝

以上共田四百五十五畝零內乾隆四十八九年間歲貢生劉純勸合邑捐田二百三十四畝零嘉慶二十一二年間廩生宋彭山等勸合邑續捐田二百二十一畝零其城鄉戶名畝分坂號另有刻本分交合邑紳士收藏又續捐田六畝

附都報恩寺充入鄉會試戶

許門坂一田二十七畝九分一釐六毫四田二畝三分三釐

里壁坂一田三畝八分七釐

周工坂一田四畝六分八釐二毫

下境坂一田二畝九分九釐

此戶共田四十一畝零

吳周德公祠合邑會試路費田戶
六都二圖王山頭西坂四田四畝六分零
王山頭下坂一田三畝八分零四田二畝四分零塘六釐
新建坂一田二畝九分零四田四畝一分零塘二分二釐
新建前坂一田十畝六分零
同　坂四田二十六畝九分零塘五分三釐
新建后坂一田七畝三分零四田五畝五分零塘六分七釐
大淺上坂一田七畝零
大淺中坂一田一畝九分零
七都路北坂一田十二畝零
路南坂一田三畝六分
寺前坂一田五畝九分零四田六畝二分塘七分

大淺上坂一田三畝四分零

大淺中坂一田十九畝九分零

大淺下坂一田二十四畝一分零

東三圖王山頭下坂一田十二畝零四田八畝五分零塘一分五釐

王山頭東坂四田二畝六分零

新建坂一田一畝零四田三畝八分零

新建前坂一田十畝四分零四田四畝八分零塘二釐

大淺上坂一田二畝五分零

共田二百畝零道光六年棠溪貢生吳肇奎妻王氏遵夫遺命呈案詳請捐助

學宮歲修田

廚泉坂一田五畝二分九釐四毫
余家上坂一田一畝七分二釐五毫
余家下坂四田一畝三分七釐三毫
瓦窰村坂四田三畝四分一釐四毫
湖橋下坂一田十畝八分二釐八毫又三百九十六號塘拆
一釐
山前坂一田五分七釐六毫
姚宅上坂四田八分七釐一毫地一畝七釐五毫又一百四
十一號塘拆一釐
新置石獅羊坂四田一畝九分七釐四毫
附都童定山捐
王山頭下坂一田二畝一分九釐三毫四田一畝四分五釐

九毫

湖橋下坂一田二畝六分五釐六毫

姚宅上坂一田二畝一分正

姚宅下坂一田二分七釐五毫

上共計田三十五畝八分一釐二毫

崇義節烈兩祠歲修田

王山頭下坂一田二畝一釐七毫四田三畝七分九釐八毫

白肚坂四田六畝七分一釐四毫

外洋坂地田四畝七分三釐

新城上坂地田二畝正

新城下坂一田二畝四分八釐地田九畝九分四釐七毫

謝旨下坂地田六畝四分一釐六毫

茅洋東坂四田三畝九分六釐八毫
茅洋南坂一田一畝五分八釐七毫四田三畝七分九釐四毫
茅洋西坂一田七分六釐二毫
姚宅下坂地田七分五釐
浦口上坂一田一畝六分五釐七毫
湖橋下坂一田一畝三釐一毫
新建前坂四田五分正
茅荅坂一田三分五釐五毫地二畝四分四釐七毫
上共計田地五十四畝九分五釐三毫
黌宮戶田
茅洋東坂地田八分正一田三畝一分三釐五毫四田四畝

五釐八毫
茅洋南坂四田二畝五分一釐二毫
茅洋西坂一田一畝四分七釐三毫
茅洋前坂四田一畝七分正
王山頭東坂地田四畝四分九釐三毫四田八分五釐山田
拆七分一釐
王山頭下坂四田一畝八分一釐
王界塘裏坂地田拆一畝九分正
道士墺坂四田四畝二分四毫又七十四號塘一釐
新建前坂一田二畝一釐九毫四田四畝一分六毫
新建坂四田一畝二分九釐一毫
栗木灘坂地田拆四畝三分六釐二毫

東塘下坂地田一畝四分七釐五毫
青塘外坂四田一畝五分三釐五毫
謝亘下坂地田四分正
姚宅上坂地田九分七釐六毫
湖橋下坂一田一畝一分正
姚家西坂四田一畝二分一釐一毫
胡家坂一田一畝二分一釐
下城坂四田二畝三分六釐
南田坂地田一畝五分正
東坂四田一畝五分二釐六毫
西坂四田一畝三分
大塢口坂四田一畝一分五釐二毫

上林地田六畝九分六釐五毫

招村中坂地田四畝一分五釐四毫四田一分五釐

招村下坂地田一畝三分四釐七毫

招村東坂一田一畝七分六釐九毫地田一畝六分一釐

珠溪西坂地田一畝七分九釐五毫

信溪上坂一田三分八釐四毫

上共計田七十二畝九分零七毫塘一釐

合邑學册費田

吳金和捐田一百二十畝　魏懋和捐田八十畝

錢　沛捐田五十畝　俞景僑捐田三十畝

吳之海捐田二十畝　錢維翰捐田十七畝

王傳芳捐田十五畝　樓仁炘捐田十五畝

呂盛載捐田十二畝　裘萬廿二捐田十畝
裘克配捐田十畝　裘　巽捐田十畝
呂蓬萊捐田十畝　馬彭統捐田十畝
張萬年捐田十畝　周愛棠捐田十畝
呂元功捐田十畝　張廷照捐田十畝
張舜五捐田十畝　支俊卿捐田十畝
孫克勝捐田十畝　沈承化捐田十畝
鄭　鏞捐田十畝　錢萬嶽捐田十畝
錢芳譽捐田十畝　裘書紳捐田十畝
吳家位捐田十畝　馬錫麟捐田十畝
魏秀棠捐田十畝　袁肇遜捐田十畝
丁汝槐捐田十畝　丁舜年捐田十畝

錢昌鎔捐田十畝
袁璧臣捐田十畝
尹慶增捐田十畝
裘怡蘂捐田十三畝
邢　睿捐田十畝
黃永修捐田十畝
黃魁鑑捐田十畝
王開瑞捐田十畝
裘耀邦捐錢一百五十千文
魏家橋砩田充鄉會試田
四十七都二圖前王莊鄉會試戶
白肚坂四田三畝五分六釐二毫

俞存誠捐田十畝
笠千松捐田十畝
謝克富捐田十畝
裘怡蔆捐田十畝
錢玉如捐田十畝
董運通捐田十畝
周醇晳捐田十畝
裘萬清捐田十畝

四十七都三圖過村莊鄉會試戶
王山坂一田七分正四田三畝七分三釐八毫地田六分正
五百三十八號塘拆一釐
宿字坂四田一畝六分五釐四毫
四十八都一圖王山頭莊鄉會試戶
白肚坂一田一畝二分七釐
秋字坂一田一分七釐五毫
寒字坂一田二分正四田六分八釐四毫
列字坂地伏六分五釐
以上共田十一畝九分八釐四毫地一畝二分五釐塘一
釐同治十年知縣陳仲麟因宋允魁等呈請准充鄉會試
路費以上舊志

勸學所

清光緒二十九年頒布學堂章程是爲學校教育發軔之始三十一年科舉停止舊有書院改辦學堂嵊係山邑民風阻塞普及爲難於三十二年遵部章開辦勸學所以奉裁教諭署爲辦公處設總董一人勸學員二人分全縣爲四學區詳撥學產租息之一部分充作經常費三十三年因各鄉師資缺乏籌設師範講習所七月於明倫堂開辦並由勸學員分赴各鄉勸設學堂調查私塾指導改良三十四年奉文督飭城鄉籌辦簡易識字學塾宣統元年詳准取締私塾召集各塾師試驗及格者給予證書否則勒令停閉三年復劃分全縣爲九學區派員調查學齡兒童督促各區擴充學校學務漸有起色八月武昌起義各縣響應縣政改組勸學所停辦

學校統計

名稱	所在地	開辦年月	備攷
縣立高等小學堂	城內市山衕	光緒二十九年	二戴書院改設
縣立愛華女學堂	城內九獅圖	光緒三十一年	初借盧和峯公祠宣統間就九獅圖百子堂擴建校舍
陽山高等小學堂	石下洋	光緒三十年	陽山書院改辦
北山高等小學堂	轂來村	光緒三十一年	北山書院改設
芝山高等小學堂	龍藏寺	光緒三十二年	芝山書院改設
剡山高等小學堂	城內爨道街	光緒三十二年	剡山書院改設
事斯高等小學堂	城內甲貢坊	光緒	宗傳書院改設
東明兩等小學堂	棠溪村	光緒三十三年	吳氏宗祠開辦
鳳翥兩等小學堂	葛竹村	光緒三十四年	王氏宗祠開辦
金庭兩等小學堂	華堂村	光緒三十一年	

養聖兩等小學堂　下王村　光緒三十一年

從宜兩堂小學堂　富潤鎮　光緒三十三年　借張氏宗祠

維經兩等小學堂　石璜鎮　光緒　王正芳創建

雅張兩等小學堂　雅張村　宣統元年

剡源兩等小學等　璠田村　光緒三十一年　校舍借春一公祠

思成兩等小學堂　山口村　宣統二年

開元兩等小學堂　開元鎮　光緒二十九年　綠筠書屋改設

坎流兩等小學堂　坎流村　光緒三十二年　邢氏宗祠應氏香火堂開辦

士明高等小學堂　寺前村　光緒三十三年　金祿甫購顯淨寺捨爲校舍

存誠兩等小學堂　上路西村　光緒三十三年　張氏宗祠改設

崇仁高等小學堂　崇仁鎮　光緒三十一年　裘氏義塾改設

人和兩等小學堂　舉坑村　宣統元年　馬氏宗祠改設

養眞兩等小學堂	古竹溪村	宣統元年	錢氏宗祠改設
始寧高等小學堂	三界鎮	宣統元年	古城隍廟改設
崇文兩等小學堂	沈塘村	宣統二年	雲巖庵改設
大同兩等小學堂	石對樓村	光緒三十三年	
民義初等小學堂	城內東門	光緒三十年	舊義學基新建校舍
作民初等小學堂	南門外	光緒	章經畹家開辦
竹山初等小學堂	竹山村	光緒	護福菴改設
雅致初等小學堂	雅致村	宣統二年	
江東初等小學堂	江東村	光緒三十三年	
化及初等小學堂	多仁村	宣統元年	
大屋初等小學堂	大屋村	宣統二年	茹彙住宅開辦
明新初等小學堂	白坭墈村	光緒三十三年	借川公祠開辦

啓蕊初等小學堂　沙地村　宣統三年

魚池初堂小學堂　唐田村　光緒三十三年　魚池書屋改設

壺潭初等小學堂　壺潭村　宣統二年

蘆山初等小學堂　蘆田村　宣統二年

棠陰初等小學堂　棠溪村　光緒三十四年　唐維藩宅開辦

上楊初等小學堂　上楊村　光緒　楊氏宗祠原名祖慶學堂

誠南初等小學堂　高家村　宣統三年　高氏宗祠改設

蒼巖初等小學堂　蒼巖鎮　光緒三十四年　原名石壁學堂

望白初等小學堂　中南田村　宣統二年　望白菴改設

演課初等小學堂　下燕窠村　光緒三十三年

汭源初等小學堂　馬家村　宣統二年

成坤初等小學堂　蒼巖鎮　光緒三十四年

源遠初等小學堂	樓家村	光緒三十二年	
富潤初等小學堂	富潤鎮	光緒三十一年	黃氏義塾改設
甘霖初等小學堂	甘霖鎮	光緒三十一年	尹氏宗祠借設
黃勝初等小學堂	黃勝堂村	光緒三十二年	呂氏宗祠改設
慧秀初等小學堂	東山村	宣統二年	金氏宗祠改設
詒燕初等小學堂	下路西村	光緒三十三年	張氏宗祠改設
蔡山初等小學堂	蔡山灣村	宣統三年	張氏宗祠改設
進艮初等小學堂	江田村	宣統二年	文殷公祠改設
史氏初等小學堂	浦橋村	光緒	史氏宗祠改設
樹人初等小學堂	白坭墩村	宣統三年	
承志初等小學堂	崇仁鎮	光緒三十四年	校舍金昌運出資新建
桂秀初等小學堂	秀才灣村	宣統二年	稼軒祠改設

育英初等小學堂	穀來村	光緒三十二年	義塾改設原名作新
文華初等小學堂	護國嶺村	宣統三年	永聖庵改設
仁親初等小學堂	長橋村	宣統二年	借仁親宗祠
慎思初等小學堂	長橋村	宣統元年	義塾改設
濟美初等小學堂	清水塘村	宣統二年	借張氏宗祠
敦倫初等小學堂	王沙村	宣統三年	
養初初等小學堂	雅基村	宣統二年	借徐氏宗祠
蓮塘初等小學堂	石板頭	宣統元年	寶覺庵改設

嵊縣志卷六終

嵊縣志卷七

祠祀志 壇廟 祠 寺院 觀庵 墓域 義塚附

禮有舉而莫廢凡祀典之所載秩宗之所掌亦郡邑建置中事矣明康對山志武功自文廟社稷以及祠宇均列入祠祀志中而不及寺院蓋其慎也嵊邑舊志則以孔廟入學校志而忠義節孝鄉賢名宦以類從焉祠祀志中備載壇廟寺院觀菴之屬而以墓域義塚附之若繩以康氏之例則此志不作可也然春祈秋報非合甲之所禁與淫祀不經惑世誣民者異矣矧思賢之碑處士之壟流風餘韻頹波激清既有裨於風教且有資於掌故者乎雖舊志稱剡俗信禨祥而溪山勝處甍宇相望亦記載所不可闕也作祠祀志（武功志）文廟謂孔廟非

文昌廟

壇

社稷壇（周志）舊在縣西南一十步一云在縣北一百一十步宋嘉定八年邑令史安之遷置縣西二里昇平鄉五十四都西嶺上元至正間重修許汝霖記古者諸侯建國各有社稷雖曹滕邾莒五十里之國皆與齊晉等不獨諸侯也有民人則有社稷矣故一邑之小亦有之魯之費楚之豐皆邑之有社者也宋朝之制縣社稷祠祭與郡同紹興八邑皆有社稷嵊社在西門外其祭法（會稽志）云社以句龍配稷以后稷配自京師達於郡邑歲再祭春以春社秋以秋社前一月檢舉關所屬前祭三日散齋宿於正寢不弔喪不問疾不作樂不行刑不書獄不與穢惡致齋一日質明赴祭宋政和間祭用大成樂贊者引初獻行禮則寧安之樂作八成止引詣壇盥洗則正安之樂作詣神位前則嘉安之樂作送神則寧安之樂復作一成止自建炎後樂器多亡遂不復用國朝之祭率因宋制損益之其詳有司存焉明成化九年知縣許岳英修葺弘治十二年邑令徐恂建齋房三間宰牲房三間繚以周垣凡一百有五丈尋圮（李志）清雍正九年知縣傅珏奉文捐俸築壇壝以土牆四面開門各建門樓一座（周禮）小宗伯掌建國之神位右社

稷鄭玄注社稷土穀之神有德者配食焉共工氏之子曰句龍食于社厲山氏之子曰柱食于稷湯遷之而祀棄此社稷之神也漢晉而下天下通祀之明洪武七年始定壇制清因之東西南北各二丈五尺高三尺四出陛各三級繚以周垣自北門入石主長二尺五寸方一尺埋於壇南正中只露圓尖五寸仍用木牌二朱地青書一書縣社之神一書縣稷之神歲以春秋二仲月上戊日致祭嵊社稷壇二神木牌寄供西嶺菴臨祭恭請到壇祭畢仍寄供菴內（新纂）今廢

祭品

制帛二（黑色）　豕一　羊一　鉶一　籩四　豆四　簠四　簋四　白磁爵四

祭儀

凡承祭官衣朝衣就位一節瘞毛血一節盥洗一節詣香案行二跪六叩頭禮一節初獻獻帛獻爵讀祝叩頭一節亞獻獻爵叩頭一節三獻獻爵叩頭一節飲福受胙一節謝福胙叩頭一節徹饌復行二跪六叩頭禮一節望燎一節

先農壇〔浙江通志〕在東郊朱公河上側清雍正五年李志作四年誤知縣張泌李志作李之果誤奉文建立壇宇并置耤田四畝九分李志會典壇高二尺五寸寬二丈五尺正房三間奉先農神牌高四尺寬六寸座高五寸寬九寸五分東貯祭器農具西貯耤田粗穀配房二間東備祭品西住農民南向大門牌坊一座四面繚垣耕牛黑色農具赤色耔種箱青色每歲仲春亥日致祭正印官承祭文武官員各照品級隨班行禮祭畢各官衣蟒衣補服照九卿耕耤例行九推之禮正印官秉耒佐貳執青箱播種耆老一人牽牛農夫二人扶犂

祭品祭儀同社稷壇

風雲雷雨山川壇〔周志〕在縣南五里方山鄉一都明弘治十二年知縣徐恂建齋房及宰牲房各三間繚以垣凡一百有十丈皆圮〔李志〕雍正七年禮部議奉上諭以雲師雷師庇國佑民靈應顯然宜特建廟宇崇祀九年知縣傅珏於舊基築建高寬丈尺儀制一如先農壇〔周禮〕大宗伯以槱燎祀飌師雨師漢祀風雨唐加以雷元分雷風雨師

明洪武元年命府州縣設壇祭山川二年復命合風雲雨師於一壇六年又以風雲雷雨同爲一壇又合祭城隍於其間今制風雲雷雨山川同爲一壇每秋二仲月上戊日致祭設三神位風雲雷雨居中山川居左城隍居右初獻先詣風雲雷雨次山川次城隍（新纂）今廢

祭品祭儀同社稷壇

邑厲壇（府志）在縣北二里仁德鄉明洪武二十九年建弘治十二年知縣徐恂築周垣六十丈南有宰牲池（禮記）王爲羣姓立七祀有泰厲諸侯爲國立五祀有公厲大夫立三祀有族厲（續文獻通考）明洪武己酉特勅郡邑里社各設無祀鬼神壇歲以清明日七月望日十月朔日晡時祭先三日有司移牒城隍神奉主於壇之正中南向以主其祭又明制有里社壇鄉厲壇每里百戶立壇今皆廢（新纂）今遺址瘞洪楊時死難骸骨爲大墳其墳前立毅魄貞魂四字碑及祭廳三間則爲邑人盧彤三捐造

祭品　豕三　羊三　飯米三石

祭儀同社稷壇

廟

城隍廟（嘉泰志）在縣西五十步（李志）創建失考考證（周禮）八蜡之祭有水庸庸城也水隍也城隍之名昉此至唐始令天下通祀城隍守令謁見其儀在他神上自宋迄元神亦漸著其名洪武元年詔封天下城隍在應天府者帝開封臨濠太平三府和滁二州者王餘爲公爲侯爲伯三年改題曰某處城隍之神是年六月命各府州縣城隍廟宇俱如其公廨設公座筆硯如其守令造爲木主毁其塑像舁置水中取其泥塗壁繪以雲山其在兩廡者亦如之後各處塑像如故四年令新任者必先與神誓期陰陽表裏以安下民謂之宿齋今因之（周志）元至正六年尹冷瓚修（夏志）邑人崔存記嵊之城隍祠在縣治右所以神保障顯陰隲也尹儒林郎冷公瓚莅政之二年雨暘時若物無疵癘圖荅神休始斥大之殿故有前軒承霤交注上漏易壞因崇作廣庭與內陛相齊爲闥七十接武覆以脩椽駕以文梁列一十二楹衆宇之飭則剔蠹易堅複瓦精緻棟極穹甍若增而高又所以妥至靈洪貺也其諸木石磚甓之用攻堅設色之徒上下其食取直其庸工緒簡稽躬爲裁總士庶翕如羣力知勸庀工以至正丙戌之秋告畢於是歲之杪俾爲文以記之余聞諸故老南宋時邑人以元日謁廟者昧爽之辰聞廟中語曰今歲丁旱或又曰詹義民作宰尚

旱爲門啓而入始驚其爲神也夏果旱則詹君實來雨隨車而注今尹之爲是邑也致年穀屢登以福斯民亦惟尹之德通於神明焉爾豈無自而徵之哉載惟秩祀之常五嶽視三公四瀆視諸侯名山大澤在其封則祀由封建廢而郡縣則城隍之祀秩在守令也尚矣叢祠聿新丹桓表道視夫縣治之新庶神明左右於父母斯民有相之道也銘曰黼黻畫衣儼若令容執壯其宇惟尹也忠官政重穀神介歲登靡事雩宗民福具膺精白尹心昭神宣靈徹我蕪陋位神謐清尹也秉誠職在民生神道設教禮樂是興嗣今其往潔粢豐盛風馬雲輿飆牽載迎麗辭於碑用勒頌聲

二十四年燬守帥周紹祖攝尹事邢雄重建明洪武三十年知縣江灡新之成化中知縣劉清重建弘治十一年知縣徐恂增葺（夏志）

訓導周倸重修城隍廟記古者聖王制禮凡有功於生民者皆立壇祠祀之以報厥功城隍之祀肇於吳越垂於後代而襲舉於我朝以其可以捍外衛內保障生靈功與名神等也弘治戊午夏徐侯涖任而以治民事神爲首務故於學校之興創壇壝之修建倉廒鋪舍之甃之築以次而舉三載之間百廢俱興庚申冬因見城隍廟宇榱桷朽腐瓦石傾頹無以稱神棲所乃召耆老趙衡陳奇而謂之曰城隍不修而因陋就簡非惟無以舉吾敬恭明神之心且至傾頹而後修舉未免勞擾有負朝廷重神愛民之意爾可董其事視夫榱

桷梁棟之屬瓦石牆壁之類朽腐者易之傾頹者植之堅牢未敗尚可者因而勿去之務使廟貌一新起人瞻仰若夫規模之廣狹基址之深淺則仍其舊而已趙衡陳奇邑人也知城隍爲民而立侯亦爲民而修而非慢神虐民者比故乃精白一心朝夕從事凡夫木植之遴選瓦石之砌築工匠之興作勤惰必親監臨以倡率之務求體恤侯意罔敢怠遑於是衆皆樂事赴功不數月而廟宇告成嗚呼廟宇成而城隍之神安城隍安而徐侯之心亦安神人胥慶兆民允殖理所必然侯可謂大有功於神民者矣侯名恂字信夫別號鶖齋蘇州嘉定人也城隍之修特其一爾其他羣祀之修民不告勞善政之施民不知德可爲循良稱首者不可枚舉此直紀其一端乃若斯廟也前有儀門後有正殿正殿前足以露臺甬道左右翼附以便民倉舍外有周垣四面環繞計其深幾許廣幾何丈尺幾多創於何人起於何時已有前人記述今此不重贅云萬歷四年知縣譚禮建儀門及東西廂宇十五年知縣萬民紀撤故址重建（李志）清康熙八年知縣張逢歡重修（道光志）嘉慶九年喻大中裘坆周光煒郭萬年募貲重建沈檐監工東爲聽雪山房前爲溪山第一樓全攬剡中之勝（同治志）咸豐八年闔邑集資重修（新纂）光緒間闔邑集資重修

祭品祭儀同社稷壇

文廟（周志）宋時在桃源觀內元至元二十二年守帥周紹祖尹邢雄徙學宮旁萬歷初重建明倫堂東（李志）清康熙五十七年知縣任儀京改建鹿胎山巔後令宋斅就文昌祠設爲義塾檢討壽致潤有義塾碑記雍正六年知縣李之果移建大成殿外東偏乾隆五年知縣李以炎葺并建前殿五間（道光志）嘉慶六年奉上諭京師地安門內舊有明成化年間所建文昌帝君廟宇久經傾圮碑記尚存特命敬謹重修現已落成規模聿煥朕本日虔申展謁行九叩禮敬思文昌帝君主持文運福國佑民崇正教闢邪說靈蹟最著海內崇奉與關聖大帝相同允宜列入祀典用光文治著交禮部太常寺將每歲春秋致祭之典及一切儀文仿關帝廟定制詳查妥議具奏舊名文昌廟是年奉旨改爲文廟合邑集

資重建（同治志）道光十七年邑人吳金科捐修咸豐辛酉毀同治五年闔邑集資重修

祭品祭儀同關帝廟

關帝廟（李志）在縣之西久圮清雍正十一年知縣傅珏同貢生尹遠服等捐資重建每歲春秋仲月五月十三日致祭雍正三年奉旨令天下郡縣祀以太牢又追封其曾祖光昭公祖裕昌公父成忠公置主崇祀本廟後殿（浙江通志）漢關壯繆侯宋崇寧元年進封忠惠公大觀二年加封武安王建炎淳熙間復累加王號萬歷十八年封三界伏魔大帝（李志）考證田易（天南一峯集）公謚壯繆（代醉編）云繆當爲穆謚法克亂不遂爲壯執義布德爲穆與公爲當而妖僧附會聽召助兵或以玉泉顯聖援普淨爲鄉人又云公與顏良爲普安侍者最爲褻誣且普安元僧江西人去漢甚遠也王元美云宋寧宗時蚩尤壞鹽池上勅天師張召公與戰勝之鹽池復封公爲眞君道家訛傳公主伏魔稱伏魔大帝明初定祀典稱漢前將軍壽亭侯嘉靖十年南太常卿黃芳奏改稱漢前將軍漢壽亭侯列南京十四廟清勅封忠義神武關聖大帝乃世妄傳蚩尤之戰公攝諸少壯者以助及戰勝諸

少壯者體已壞魂不可返皆令得祔廟以食故今廟最繁而禱亦輒應（道光志）嘉慶十年闔邑集資重修謹案乾隆四十一年奉上諭關帝在當時力扶炎漢志節凜然乃史書所謚並非嘉名陳壽於蜀漢有嫌所撰三國志多存私見遂不爲之論定豈得謂公從前世祖章皇帝曾降諭旨封爲忠義神武大帝以褒揚盛烈朕復於乾隆三十二年降旨加靈佑二字用示尊崇夫以神之義烈忠誠海內咸知敬祀而正史猶存舊謚隱寓譏評非所以傳信萬世應改爲忠義第民間相沿已久難於更易著武英殿將此旨刊載傳末用垂久遠其官板及內務府陳設書籍並著改刊增入禮部則例嘉慶間奉旨加封仁勇二字道光八年平定回部張格爾神二次顯靈擒獲渠魁奉旨加威顯二字（同治志）咸豐元年奉旨加封護國保民四字二年募貲重修邢佳畹記忠義神武靈佑仁勇威顯護國保民關聖大帝列於祀典

典至鉅儀至肅須行郡邑有司掌之無敢不共嵊之廟祀大帝者無慮數百而城隍廟西頹然一宇號爲關帝廟者實爲邑令朔望行香歲時薦享之所制本簡陋益之傾圮甚非所以稱隆儀而妥明神也道光戊申清江陳公以名進士攝邑篆既視事以興廢舉墜爲己任入廟瞻仰怵然於懷集邑紳士周松齡徐鏡清等諭以更新劃廉爲倡役未興而解任欽餞之頃諄囑再三諸君遂量力捐輸并募邑之好善樂施者而以事屬鄭君昌遠遂購名材伐崖石以己酉之秋召工舉事盡撤其舊相度形勢而爲之制晨夕經營設次其所而寢處之凡五閱年而功以就寢室六楹幽深邃密宛然闕宮寢室之前爲大殿四楹華棟綺甍規模宏敞左右廂各四楹明窗淨几清雅宜人前爲棘門又前爲柵門柵門之前設牆爲屏并更其額曰武廟金碧輝煌煥然麗觀爰奉帝祖考光昭公裕昌公成忠公三主於寢室金寫大帝像於大殿以祀焉儀於是稱神亦於是妥矣此固陳公昭事之至誠有以感動諸君子而諸君子爲能不負所託乎工既竣諸君子招予周覽堂廡爲記巔末於碑而慨然以歲修無資爲慮予曰諸君一念之誠達於神明必有仗義者出如君之願已而盛君淇津果以田九畝有奇隸廟并勒貞珉以垂不朽

六年勅封精誠二字九年恭懸御書萬世人極扁額辛酉寇毀

同治八年重建

祭品後殿係公爵不用牛

帛一白色 牛羊各一 豕一 籩豆各十 五月十三日用果品

不用籩豆

儀節後殿用二跪六叩頭禮

承祭官衣朝衣盥洗一節就位一節奉香一節行三跪九叩頭禮一節初獻帛獻爵一節讀祝各跪叩一節亞獻獻爵跪叩一節三獻獻爵跪叩一節復行三跪九叩頭禮徹饌一節望燎一節

溫元帥廟（李志）在縣治前創建莫考清康熙五年居民拓基重建（道光志）嘉慶二十三年重建（同治志）咸豐間士民集資重建

太祖廟（李志）一在縣前一在縣後月嶺一在陡門一在西鄉

東湖山一在開元鄉一在北靈芝鄉（李志）考證舊志明王勑封不知何始相傳來嵊賑饑民感其德故隨在祀之稱曰太祖（同治志）縣前無考陡門疑即聯桂坊同治三年里人重修月嶺馬王兩姓建

西倉廟（李志）在縣治西南鹿胎山前清康熙六年建爲西隅社會之所丁哲西倉院記西倉院神者自異地貿易來剡建倉鹿山之麓貯米續運歷有年所正統丁巳歲饑邑侯徐公士淵聞上盡倉發賑復勸城鄉富戶捐濟至明年五月民饑如故神念侯再賑維艱即將西倉米與侯酌定分給事畢束裝歸四方父老聞之拈香攀留不忍舍去神忻然大笑仆地衆駭扶視氣絕侯至執其手曰君歟來君歟來我有語告旋歟拱手曰侯賢父母也今秋大熟可無慮語畢仍逝顏色如生既殮舉尸如空棺厝於西關外之原年六十四六月十九日也侯請奬詔封明王勑西倉爲祀祠西隅十堡肖形塑像奉爲社廟每屆六月十九羣集虔祝尊曰太祖成化八年壬辰秋疫大作諸醫罔治神化醫士施丹病者頓愈丁未五月大旱邑侯夏公完祈禱無術夢寐間聞半空語曰求以增疏請可無慮驚覺駭異與紳士等備述之一父老忽悟太祖名以增以告侯侯即率衆詣神前叩祝是夕甘霖四布慶大有年備情申請詔封威德井

勑正印官屆期行禮致祭諸父老懼久而無徵邀哲述其巔末神姓汪諱以增字世德安徽歙縣人〔道光志〕乾隆五十一年重建嘉慶十四年重修〔同治志〕道光十八年重修咸豐十一年燬同治六年六堡重建

胡公廟〔同治志〕在縣治西南道光二十六年婺人醵金創建爲社會之所祀佑順侯胡侍郎一在東門埠

西鎭廟〔道光志〕在來白門外祀昇平鄉主〔同治志〕咸豐五年重修

東嶽廟〔李志〕在來白門外〔同治志〕咸豐七年邑人周松齡等募修

金龍四大王廟〔張志〕在南門外順治間邑進士尹巽建順治庚子尹巽公車北上渡黃河未及宿遷舟漏將沒呼神以救忽一小艇至纔更舟前船遂沒甲辰第進士假歸乃倡建之山陰王岵〔浣雲集〕王姓謝名緒錢塘安溪里人籍會稽諸生祖達死爲神建炎時率冥兵驅北騎咸淳七年疏請立廟封廣應侯有孫

綱紀統皆爲神王其第四孫也曰金龍四大王者王常建白雲亭於金龍山巔也宋末隱苕溪慨然有澄清中原志度宗甲戌秋大雨天目山崩嘆曰天目臨安主山也主山崩宋其殆乎遂不仕及帝昺亡誓衆曰吾生不能報宋死若有知必展此志中夜起作詩赴苕溪死則苕水忽漲高至丈餘若憑其怒氣者土人異之立廟金龍山至明太祖與蠻子海牙戰於吕梁洪敵在上流我師失利而風濤忽捲黄河爲之北注海牙大敗太祖夜夢神告之曰臣謝緒也太祖驚寤遂封爲黄河神其後擁護漕河屢著靈異天啓四年蘇茂相督漕水涸舟不前王降言爲我請封當以水報蘇具疏甫畢洪波浩濤萬檣飛渡得旨加封護國濟運金龍四大王（同治志）咸豐十一年燬

水火神廟（李志）在南門外明崇禎間知縣方叔壯建後燬清康熙九年知縣張逢歡募資重建張逢歡募建引嵊古之剡州一刀屢致兵火乃更名嵊然名雖更而火不熄在勝國之啓禎間特甚令與民議作廟以禳之架樓三楹於城南之門外樓下像火神樓上像水神火得水以制庶其少止乎未幾門外火廟延而燼則廟雖創而火如故今邑民募資重建以簿乞言余何言哉聞之惑於讖邪國多火災而劉昆向火叩頭輒能反風是火殆關乎德之修不修矣又聞曲直積薪必有火患而廉范使

民貯水咸歌安堵是火殆關乎事之慎不慎矣史載帝嚳之曾孫曰祝融辨於南方爲黄帝司徒後顓頊之孫黎與回代掌火正亦曰祝融則祝融火神也記稱冥勤其官而水死少昊之子修熙在顓頊時代掌水正亦曰元冥則元冥水神也月令夏祝融冬元冥各司其季山海圖繪祝融獸身人面乘兩龍禺彊人面鳥身珥兩青蛇踐兩青蛇亦乘兩龍形容特奇怪大抵水火二神神之尊者所以祀必壇坎非天子公卿不得祀即祀亦不得數數則瀆亦不得疏疏則怠是神又不可褻矣故救災弭患在修德慎事不在褻神以圖苟免且火炎上水潤下陰陽之道不可偏勝如以火濟火以水濟水無不爲患必使炎上者常下濟潤下者常上行坎離交而陰陽泰以之治身則五臟和病可卻也以之治世則六府敍災可消也所貴調爕之得宜區區廟制何足爲恃然而魯昭之十八年子產禳火於元冥回祿子產賢者而亦禳火又曰有其舉之不敢廢也前令實始其事矣廟而禳噫曰不可即今者邀聖天子與賢憲臣之靈待罪以來三年不火天之功也余敢貪天功而不神是敬獨是作廟後各修乃德慎乃事不數不疏以虔乃祀俾神錫之福而畢方不妖則余之厚願也（道光志）乾隆三十四年知縣吳士暎修嘉慶六年大水廟旋毀八年里人徐定國等倡捐廓基增建廊宇越六年告成（同治志）咸豐十一年燬同治四年邑人集資重建

旗纛廟〔李志〕舊祀於教場之演武亭〔李志〕周禮大司馬中秋教兵辦旗物之用旗之設昉此〔續文獻通考〕明制祭旗纛以每歲仲秋祭山川日遣祭於壇內之旗纛廟霜降日又祭於教場歲暮享太廟日又祭於承天門外案此則霜降日教場之祭所由來也

太尉堂〔道光志〕在南門外清嘉慶九年重修〔同治志〕祀張陳二侯寇燬過塘行倡捐重建

龍口廟〔李志〕在東門內明萬歷間進士周光復與弟光臨建

五顯廟〔李志〕在東門內清康熙七年建今爲財神堂會稽陶申筆獵

按天官書有五帝內座禮文月令以帝爲太皥炎帝少昊顓頊之屬而配以勾芒之神實司五行故神所服各繪其方之色焉或曰五行者金木水火土與穀爲六府有國者之大用也祀神以五報其所自亦等於里社土穀故其號特避帝而稱聖聖也者其諸神之通謂也明與釐定祀典南京十四廟有五顯靈官秋季致祭此神祀所由著沿及郡縣迨於民間而不知者且以五通例之則妄甚矣又按顯聰昭應孚仁廣濟王顯明昭烈孚義廣佑王顯正昭順孚智廣惠王顯直昭佑孚信惠澤王顯德昭利孚愛廣成王〔道光志〕嘉慶十八年重建稱廟以端午日誕生

天后宮（道光志）在東門內（同治志）乾隆間閩汀煙靛紙三業建同治六年三業重修立碑（萬歷府志）祀其神以護海運郎瑛七修類稿云天妃莆田林氏女幼契玄理知禍福在室三十年宋元祐間有殊異迨元至明並著靈於海如至元間萬戶馬合法忽魯循等洪武間漕卒萬人輩永樂百戶郭保俱以海運成化間給事中陳詢嘉靖間給事中陳侃俱以奉使海國危矣而並以天妃免詢之免有兩紅燈數漁舟來引又與合藥以辟蛇害漂沉香木詢得刻其像侃之免有火光燭舟數蝴蝶繞舟黃雀食柁上米食已風即順激曉至閩午入定海事尤奇其號則忽魯循等奏賜者也（李府志）謹案天妃神歷代累顯神異至清顯應尤著勅封天后凡濱海之處多立廟宇不能勝載惟寺額舊志稱天妃今稱天后

藥王廟（同治志）在東門內道光四年燬咸豐間重建

靈佑宮（同治志）在東門內同治八年江浙閩三省煙商捐建

東鎮廟（道光志）在東門外明嘉靖十六年建邑人尹鑾捨基爲東隅社會之所（同治志）咸豐十一年寇燬同治八年重建

包公殿（同治志）在東門外二里

武安王廟（李志）在北門內東隅諸社立順治間邑人尹逢吉重建祀關帝（同治志）同治七年尹姓重修

晏公廟（李志）在北門內山陰許尚質（越州祠祀記）公名戍仔江西臨安縣人元初爲文錦局堂長因病歸登舟即尸解有靈顯於江湖立廟祀之明太祖渡江取張士誠舟將覆紅袍救上且指之以舟者問何神曰晏公也後猪婆龍攻崩江岸復爲老翁示殺鼉法問何人又曰晏姓也太祖感之遂封神霄玉府都督大元帥仍命有司祀之今誤以公爲劉晏也徐渭路史云封平浪侯

仙姑廟（李志）在北門內邑人趙鄭相建（同治志）同治六年里人重修

萬壽宮（同治志）在北門內聯桂坊祀眞君許旌陽

白蓮堂（同治志）在北門內嘉會坊祀觀音大士仁德鄉主

正順忠祐靈濟昭烈王廟（嘉泰志）在縣北一百八十步（李府志）卽廣德軍祠山張王神也祠山廟甚盛浙江間多有行廟祭者必誦老子且禁食彘肉云（萬曆志）祠山神姓張名渤漢神雀中

人禮斗橫山有禦災捍患功或云佐禹治水有功其賽禱盛於廣德州常以二九月降至日必有風雨有請客風送客風之說

北鎮廟 李志 在北門外一里

艇湖山廟 同治志 在艇湖塔下禱雨輒應乾隆間上林王姓捨基募建

石馬廟 同治志 在縣南七里一都祀方山鄉主

阮仙翁廟 嘉泰志 在縣南十里 李志 在方山鄉爲阮肇故宅

太公廟 同治志 在縣南五里有路亭十里爲天興廟

龍王廟 同治志 在縣南十五里毗塍

仁德廟 道光志 在縣東五里二都祀仁德鄉主

黃姥岑廟 嘉泰志 在縣東一里 輿地志 縣東門外有黃姥神祠民多奉事之

謝公廟（道光志）在縣東二十里過港爲康樂鄉主（同治志）祀康樂侯謝靈運咸豐丁巳秋飛蝗蔽天自餘上沿江西上過處禾稼都盡嘶跨江而東衆驚惶鳴鑼持竹枝大聲疾呼勢難制止禱廟輿侯出巡蝗即踰縣城西去不爲災同治壬戌五月洪楊潰軍焚掠及侯廟青烟轟起衆譁曰延而燼矣僧馳救視之僅焦半柱其靈異如此

獨山廟（同治志）在四都獨山麓山破空突起頗靈動鬧水周家塽底等莊合建

迴龍廟（同治志）在康樂鄉小溪徐姓建

大王廟（同治志）在四都外大山

崇信廟（道光志）在縣東二十里五六七都祀崇信鄉主

總管廟（同治志）在浦口鎮詳見靈濟侯祠紳董公議神廟前牧場外地作春秋祭產立碑

觀善堂（同治志）在縣東棠溪莊里人吳之塏重建碑記觀善堂者吾鄉之境廟也自有宋

而開基歷元明而致祀前則水神像肖捍患禦災後則大士眉橫放光現影洵達觀之勝地廼樂善之奧區廟有田壹頃餘可以易棟楹可以鮮赤白然而緇流託足覺路迷方袈裟非忍辱之衣石鉢作謀生之具飽其私橐蔑我靈宫故曜日之紺宇將頹應宿之靈光欲突族叔克敦之子之淵等於嘉慶十年詢者舊捐資產俾幹事者新後殿與兩廡以中殿臺門爲己任逾年功成石楹磊砢雲棟嵯峩金扉炫晃瓊壁含瑳觀其雕刻則靈禽刷羽怪獸磨牙察其畫圖則羣卉衆夥遊仙婆娑昔之帡幪下窄者今已睽罛庨豁矣昔之黮昧砦隘者今已崴嵬硉矹矣神光揚而來雲蓮座開而朗月可謂闢前人之遺規建累葉於不拔矣工訖命余記之余學等轂囊材慙散木然而覩茲盛舉特昭布壂之功動我壯懷敢玷貞珉之勒

元帥廟（同治志）在縣東二十里崇信鄉

湖清廟（道光志）在縣東二十里八九十都祀筮節鄉主

前墅廟（同治志）在筮節鄉湖頭乾隆五十九年州司馬魏詩捨基捐建捐演戲田十畝又捐輪修田二畝

靈山廟（道光志）在縣東三十里十二都許宅祀靈山鄉主（同治志）同治元年寇燬六年重建

漁溪新舊廟〔同治志〕在金庭鄉明崇禎時建清同治二年重建又磜坑口有將軍廟咸豐二年建

關帝廟　元壇廟〔同治志〕在漁溪道光間先後建

篁山廟〔夏志〕在縣東四十里以奉龍神前臨大淵上下有五潭龍居之禱雨輒應〔道光志〕祀金庭鄉主

白巖廟〔李志〕在篁山禱雨輒應世稱陳長官祠考證嶀浦在北嚮王在西天岳在南白巖在東故俗稱四柱神按郡志嶀浦白巖俱云祀陳長官而於城隍亦云神舊稱陳長官意長官威靈無往不著故祀之者衆耶

關帝廟　北鎮廟　潮神廟　艮墅廟〔同治志〕在金庭鄉十四都華堂

亭山廟〔同治志〕在十四都觀下

東石鼓廟〔李志〕在孝嘉鄉世稱周宣靈王廟爲孝嘉鄉主會稽

俞公轂（湖北紀遊）周宣靈王名雄字仲偉杭州新城人母汪夢龍浴金盤淳熙戊申三月四日誕王童穉以孝聞嘉定初母遘危病晨夕籲天請身代郵言徽婺有顯神母促往禱王不敢毋厲聲責之則抱澤往旋次衢聞訃內裂僵逝舟中篙師胡伯二貨舟結廬奉焉鄉之知王者時載觴俎禮敬自後相傳謂王有神江以南咸賴之端平嘉熙間一時國事賴王至有胡應正烈之封而其事不詳

潘桐廟（道光志）在縣東六十里十六都祀忠節鄉主

靈巖廟（同治志）在忠節鄉道光癸未董學龍捐建置田四十餘畝

玄壇廟（同治志）在忠節鄉葛竹閣有文武帝

東嶽殿（同治志）在忠節鄉唐田

文武殿（同治志）在忠節鄉棠溪唐田壺潭三莊皆有之

稠木廟（同治志）在遊謝鄉十八都前岡樟家田大杉樹鄭家塓等莊合殿

水口廟（同治志）在遊謝鄉溪后下廟側向有水口菴道光間呂姓建祀謝仙君

太保廟（同治志）在遊謝鄉仁村前明時建多禱驗後將圯清同治五年里人拓基重修十月社會

乾坤廟（同治志）在十八都陶村施家合建

長坂廟（同治志）在遊謝鄉長茅後王坂山頭宅社壇何村合建

下童廟（同治志）在遊謝鄉十里童乾隆間童王兩姓倡建因仙君祠在強口不便祈賽故分建於此置田演戲

鎮西廟（同治志）在遊謝鄉石舍莊烝頂山麓道光十五年任姓建監生任星躔派助田二十畝

龍山廟（同治志）在縣北十八都張墺祀遊謝鄉主同治元年

燬汪承垌宣道捐建

禹后廟（同治志）在十九都裏坂莊村後横爿山頂有培龍亭里人捐建

禹王廟（李志）在縣北遊謝鄉禹糧山禹治水畢功於此後人立祠祀之

謝仙君廟（同治志）在縣北八里遊謝鄉漩水灣祀謝靈運尹姓捨基與黄山頭檡樹下同建寇燬同治間拓建尹步青董之

東嶽廟（同治志）在遊謝鄉二十都仙巖鎮道光十年王維寧捐建

舜帝廟（李志）在縣北五十里靈芝鄉二十一都舜皇山卽嶀山之南嶺鄉人置田贍僧居守清康熙間比邱尼惠超構佛殿於後

嵊浦廟（嘉泰志）在縣北四十五里以祀陳長官額曰上善濟物侯杜春生（越中金石記）神名廓王梅谿嵊山賦曰陳廓漂流（寶慶續志）云神睦州青谿縣人酈道元（水經注）云廟甚靈邑有水旱必先致禱（夏志）宋嘉祐七年七月朔鄉貢進士何淹爲知縣高安世作記曰縣北曰嵊浦有廟神曰上善濟物侯貌像巖畏告人吉凶禍福若谷答聲雨霪陽旱罔不應祈詢諸廟宇得石晉天福誥敕即侯始封侯姓陳氏爲台仙居令始過此目山水之勝絶有志而宅焉官休維舟遽爾覆溺靈氣發越使吾民祠天福初中原板蕩干戈不息侯有神兵之助生以美政字吾民死以靈德福吾民復能以陰兵勝敵安固社稷功烈若此之盛豈無銘刻以傳信後世具綴所聞以刊於石　慶元乙卯丞相謝深甫請加封詔賜額曰顯應四年知縣劉棨周悅重修嘉泰二年學士樓鑰記見藝文志　嘉定十三年知縣趙彥博重修　自記曰彥博慶元六年庚申任五羊舶司管庫夜夢謁一廟下灘舡四十五里瞬息至廟見神人語曰吾廟頹圮君爲我修之覺而不省所謂但默誌諸心嘉定丁丑瑣換偶嵊邑闕令承乏之此來以其年十一月到任次年戊寅承旱荒之餘民掘草根以食饑殍相望遂行賑濟以活饑民繼而雨暘時若歲獲中

稔己卯正月友人李謙自都下就館於台舟宿嶼浦夢神人告之曰爲我語令君可以爲我修廟矣謙以夢來告始瞿然自省曰二十年前得此夢今其應矣乃命鄉僧德輔亟往度所費仍請黄仲艮董其役戒之曰鳩工興役百費皆官自備一毫勿擾於民於是涓仲秋吉辰興工牌亭已仆不留片瓦再爲建立前廊五間頽壞殆盡重爲興起棟樑撓敗者易之柱石傾斜者正之泥飾丹雘罔不全備至庚辰孟夏畢工敬備牲酒告成於祠下廟宇一新神人驩洽夫嵊之爲邑山田多而港門狹山田多故晴未數日則以旱告港門狹故雨未數日則以水告諺有三夜月明抛旱狀一聲雷響便撑船之語彥博不才兩年爲民祈禱水旱隨禱隨應曾無留難兹非神之默相與神之威稜感應具載前碑兹不縷述姑誌其修廟之終始云　清嘉慶十九年舉人徐建勳貢生沈鶴林等重修知縣田捷元有記（同治志）道光二十三年二十一二兩都分修同治八年靈芝鄉合修（新纂）宣統元年二十一二兩都分修

動石廟（李志）在縣東北靈芝鄉二十二都動石山

西石鼓廟（嘉泰志）在縣西二十里崇仁鄉吴赤烏中建神稱護法越王（夏志）山有石如鼓人履之輒響答（郡志）剡多石鼓廟邨聚往往

有之歲常以春秋祭皆能福其民

石姥廟（府志）在縣西六十里

三女廟（李志）在縣西二十里烏石衕廟右有三大塚相傳塚中磚勒梁大同年號

文武廟（同治志）在崇仁鄉二十三都溪灘乾隆間建同治六年重建

蘭山廟　新廟　太祖廟（同治志）在崇仁鄉下安田

龍王廟（同治志）在二十三都官莊一在二十四都烏石衕一在四十七都湖蔭

偉鎮廟（同治志）在崇仁鄉明萬歷元年裘移孝建清乾隆五十年裘時芳重修旁有五福菴裘守德建

佐昌侯廟（同治志）在崇仁鄉咸豐四年裘萬清等倡議捐造

殿宇後廳右側建文昌閣下設施茗所置田十餘畝又置收字紙費田二畝餘

茅廟（道光志）在縣北二十四都南宋初勅封顯英侯廟初建於漩水岡下大坪明洪武中改遷後門岡今移建漩水岡嶺頭山按神姓陳名德泰東漢會稽人夫人袁氏子孫世居德政鄉屢著靈異世奉祀焉

木馬廟（李志）在縣西北孝節鄉頗著靈異

文星閣（同治志）在二十六都福泉山麓祀文昌帝君閣下祀胡侍郎附貢馬季常倡建

水口三廟（同治志）在孝節鄉踞仁村水口西爲關帝廟東爲靈濟侯佐昌侯二廟夾溪鼎峙沿隄多植柳掩映溪流

六仙姑廟（同治志）在孝節鄉距仁村里許元時姊妹六人避流寇於此聞警同赴井死寇退里人出其尸面如生爲合墓以

瘞之即於其地立廟甚見靈異

東鎮廟（道光志）在永富鄉五廟之東明宣德丁未裘睇建清乾隆辛丑派孫重修尋圮道光癸未派孫慶華世福倡捐重建

南鎮廟（同治志）在永富鄉

西鎮廟（道光志）作顯應廟靈佑侯祠（周志）在永富鄉吳赤烏二年建嘉泰志神嘗爲令此邑有惠政廟食於此久矣失其姓宋宣和辛丑睦寇起蔓延旁境魔黨響應焚縣屠戮焚傷尤酷一夕四山旗幟車蓋隱隱出入雲間見者咸疑神游而廟不存矣觀之廟果煨燼未幾又復見如前日之異若返旆而來賊徒驚呼曰天兵至矣遂自相攻殺官軍未至賊已殲盡永富崇仁兩鄉以全相與盛築廟宇旱潦疾疫祈禱益驗紹興十一年上於朝賜額顯應乾道九年姚憲爲諫議大夫率鄉社陳府上之省寺詔封靈

侯祐〔同治志〕旁有毓慶菴
北鎮廟〔同治志〕在永富鄉旁有福慶菴
東嶽廟〔同治志〕在永富鄉裘立武董其事旁有橋頭菴
曹娥廟〔同治志〕在永富鄉
文昌閣〔同治志〕在永富鄉一在張家莊東明萬曆間張爾諧
建
五龍廟〔夏志〕在縣西北四十里永富鄉二十八都奉龍神有
五潭在烏猪山之巔世傳昔有五大豕居巖嶼中帛道猷飛錫
望山有黑氣狂風猛惡循澗而上用法降之化爲五龍
三義廟〔同治志〕在永富鄉二十八都上相嘉慶五年相孟義
重建
仙帝廟〔同治志〕在永富鄉二十八都坑口

靈輝廟〔嘉泰志〕在縣西北三十里永富鄉二十八都張家莊廟碑神姓馮晉時山陰人結廬瞻山之麓後入天台不返人以爲仙去跡其故址構小祠祀之水旱疫厲祈禱輒應鄉民謂之靈威王宋乾道八年賜額靈輝遂遷其祠於宅東顏曰瞻山廟明萬曆時擴其宇清康熙甲寅寇變夜間見神燈往來寇懼而退〔同治志〕咸豐辛酉冬洪楊潰軍繇平水竄嵊道經楊棚嶺馬不前見一白髮叟鋤地問之云此無路忽不見潰軍駭詫遂別竄逾數日又及其境馬蹶徑去後遂不復至咸以爲神祐之

五廟〔李志〕在永富鄉宋時有五姓聚居之地故名祀太祖明王廟宏整歷久不傾亦無蛛網門左鼓石人偶觸之輒震響再舉則寂然清順治間裘氏修之〔道光志〕乾隆間裘氏重修

溫泉廟〔李志〕在富順鄉

關王廟（同治志）在富順鄉二十都金貂嶺下旁有望梅亭施茶又有金田堂廟與安家同建側爲鄉主菴
永富廟（同治志）在富順鄉西青莊
胡公廟（同治志）在富順鄉二十都前村街下置田地十餘畝旁有懺堂菴俱闔邨捐建
鄉主廟（同治志）在富順鄉洋大坑二十都三十一都三十二都公建雅安孫仁發董理
來山大廟（同治志）在富順鄉穀來道光十六年監生黃亦珍董建（新纂）光緒十三年五社出資黃可欣等重修
沙石廟（同治志）在崇安鄉三十三都王家寺莊
白鶴廟（同治志）在三十二都道光間淡竹莊裘政相捐建
上蔡墅廟（周志）在縣西崇安鄉三十四都蔡墅邑人夏大有

捨基重建

崇安鄉主廟 同治志 在三十四都樓姓建

崇安鄉主夫人廟 同治志 在三十四都咸豐九年貢生丁汝桂倡捐拓建

七仙姑廟 同治志 在三十四都溪西

朱相公廟 同治志 在崇安鄉史家培斯復桂裘書楷等捐建

萬石君廟 道光志 在羅松鄉三十五都祀羅松鄉主

太祖廟 同治志 在三十五都前家坑咸豐六年史善梁同妻張氏建

三眼廟 同治志 在羅松鄉

宋葉相公廟 同治志 在羅松鄉三十五都袁家袁德顯捐演戲田十餘畝

響王廟〔道光志〕在二十七都祀剡源鄉主〔同治志〕咸豐辛酉燬同治戊辰錢登麒等捐建〔新纂〕光緒八年錢定山捐修

五王廟〔同治志〕在縣西剡源鄉瓊田燬同治丁卯錢姓重建

武肅王廟〔李志〕在剡源鄉邑人錢宇之建祀吳越王錢鏐考證〔通志〕吳越王錢鏐微時即驍勇有智略唐僖宗乾符間以破黃巢功爲杭州都指揮使光啓三年擊斬越州劉漢宏有功拜刺史景福時陞威武軍乾寧二年董昌據越州叛鏐擊取之進鎮海鎮東軍節度賜鐵券天復二年封越王元祐間改吳王梁開平元年封吳越王二年冊尊鏐尚父三年鏐卒謚武肅

朱相公廟〔同治志〕在剡源鄉邑中有朱與葉並祀者而朱廟爲多以歲旱禱雨輒應也旗號佑昌侯實莫詳其出處大清會典稱爲正直之神

太平鄉主廟〔道光志〕在縣西六十里太平鄉〔同治志〕同治六年三十八九兩都拓基重建左淨香菴旁設遠塵亭施茶

仙姑廟（同治志）在太白山巔廟前有石如盤曰仙女盤（剡錄）

仙女盤水旱暵不竭相傳七夕有仙女沐於此

威勇王廟（府志）在縣西三十里

惠應廟（府志）在縣西六十里舊號蘇明王宣和四年賜今額

保邦興福廟（府志）在縣西六十五里

陽明廟（夏志）在縣西六十里長樂鄉靈蹟昭著明洪武戊辰錢則敬等修永樂中戸役騷擾廟燬於火錢三老等重修葺山陰鎦績記隸嵊之鄉二十有七鄉各有廟以祀其所謂土穀神者雨暘之極輒於此而禜焉長樂之陽明府君其一也府君之封爵位號志錄失紀無所於考而肖像冠服府君視上公厥媲視夫人雍肅端靜之容見於摶埴之外望而知其爲聰明正直神也靈跡昭著鄉人畏敬焉元季隣境盜起大肆刼掠及境望見神人馬旗仗甚熾盜驚多自躪死一鄉之人遂不及難繄神之力也洪武戊辰廟將壓鄉之耆儒錢則敬武肅之十四世孫也率衆葺完之閱歲滋久鼠穿蠹蝕不芘風雨覩者慨曰廟所以安吾神之靈也廟垂圮矣靈其妥乎弗葺神將焉依會旱魃爲沴不雨者逾月溪壑斷源原隰之稼可燎鄉人禱之不荅僉乃矢

於神曰吾儕所不與廟事者有如皦日越五日雨大澍民情協孚實永樂十四年六月初六日也是冬錢氏三老曰子溫文禮子道戒其族好重率里中愿士掄材庀工差日維穀仍其舊而新之宏中爲寢以嚴像設左右有翼做以中霤軒其前爲四楹兩扉啓焉東西暨北繚以迴廊爲間一十有九以板代牆外施丹渥燁然增輝內則重以列壁圬而堊之繪神出隊入隊之仗丹彩烜赫即神之庭者肅敬之心生焉他若薦几供具欄楯庖湢罔不悉備始於是年之十月二日斷手於明年之某月某日凡用材木以株計者二十有五樽櫨侏儒之需不與焉石灰以斤計二千九百磚若瓦以枚計磚二千有奇瓦三萬有奇好重來致子溫甫之意曰府君之福吾鄉鄉人所以祇奉府君者不可無述乃疏巔末屬余記之按祭法能禦大菑則祀之能捍大患則祀之若府君者可謂禦菑捍患者非歟故不辭而爲之記三老則倡其事毛志剛裘孟達則贊佐之董其工而規畫之者則好重也醵財以助者則錢子心子敏過可辰予記其事仍作蘆山之迎神送神曲二章俾春秋鄉民歌以祀府君云迎神

籚之嵬巍曰晞做靈宇啓兩扉歛洞簫伐鼉鼓風洽然靈來下叶奠椒醑蘭殽蒸靈炯炯雲憑憑靈肸蠁嗜飲食薦芳馨維明德靈連蜷媚我人叶宜稼穡可福綏　送神

籚之芃靈雨冥叶司閶闔順陰陽風爲輪雲爲蓋叶景翳翳靈將逝陰飈駛還雲車叶服斑虬驂兩螭叶靈將逝青山下叶冴靈巒籚之野叶靈不留可奈胡歌窈窕昭靈休叶

天順中子道

幼子好正重修（同治志）清屢修葺咸豐初新之正殿左右十
殿錢沛建餘皆闔鄉捐建錢肇昌等董理嘉慶初鄞人陳道仔畫松鷹於正殿神座
後壁天晴陰生氣勃勃筆頗有神識者寶之正殿本議拓建因
惜畫不恐撤壁僅高其故址重建之辛酉洪楊潰軍入村畫被
塗及退雪其污而下
半壁墨跡較褪矣

武肅王廟（同治志）在長樂鄉四十都雙溪橋北道光癸未錢
剡建乙巳子沛重修

晏公廟（同治志）在四十一都長樂邨錢珣建咸豐間珣裔孫
拓建

朱相公廟（同治志）在長樂莊明錢敦禮建清道光壬寅裔孫
剡增廓之置田三畝零

曹娥廟（同治志）在長樂邨東明成化間錢文化創建右爲聚
福菴

胡公廟（同治志）在長樂莊南之瀶峰元時錢兆瑞建前爲玄壇廟後爲瀶峰禪院清嘉慶丁丑瑞裔孫重修道光甲申錢釗助七百餘金落成之

元女廟（同治志）在長樂邨南黃泥塘道光丙戌錢釗拓建置田五畝零構亭施茶

觀音廟（同治志）在長樂邨西南上寨嶺道光間錢釗建旁有路亭

關帝廟（同治志）在長樂莊西北隅

太祖廟（同治志）在縣西六十里四十二都開元鄉

汪公廟（同治志）在四十二都開元鄉沈大灣莊居民俱姓操其上世自南京來神亦其鄉所祀者靈應甚著咸豐辛酉冬洪楊潰軍擾嵊搜牢至其莊輒層雲四布復大風雨如是者數次

潰軍乃裂旗書福字壓巖石而去後竟不至

白鶴廟 道光志 在縣西積善鄉四十四都祀積善鄉主

大王廟 同治志 在縣西四十里積善鄉四十五都

王右軍廟 同治志 在縣西桃源鄉獨秀山之麓四十六七兩都祀桃源鄉主

朱尚書廟 周志 在桃源鄉四十六七都上朱莊祀梁尚書朱士明 同治志 相傳朱有神術能駕雲霧梁時官吏部尚書詳見人物志永明中捨基建青林寺即今顯淨寺也中有白鶴井水甚清美鄉人思其功德爲立廟於青林寺右春正十二日例懸大纛以卜歲纛高五六丈構木爲架植木爲幹析竹爲腔飾以紙五色爛如四圍用巨索維之下作紙浮屠七級中絡大圈漸高漸小頂肖觀音像面所向可以卜歲之豐歉云水旱疫厲禱輒應夜闌神燈熠然自廟出廟制舊僅二楹後毀於蟻咸豐丁巳里人尹大森呂元

泰等捐修建前廳及東西廡東廡吕元功建西廡吕元芬正和學純建規模加於舊

東陽趙蘂珠有碑記

楊廟（道光志）在縣西清化鄉四十八都祀清化鄉主

潮陽廟（同治志）在清化鄉桂山宋時建同治戊辰里人重建

文昌閣（同治志）在四十八都支鑑路道光丁未年建

朱周鏡廟（同治志）在四十八都朱家堰

阮公廟　胡公廟（朱志）在禮義鄉大巖灣

晏公廟（同治志）在五十一都高田旁有東鎮菴康熙時建同治八年張王童三姓重建

玄壇廟（同治志）在禮義鄉求杓坂豪嶺寶溪石岱山三莊輪祀

凌溪閣（同治志）在五十一都大邱巖陳鯉庭建

關帝廟（同治志）在禮義鄉五十二都蒼巖

鄉主廟（同治志）在殿前莊祀禮義鄉主

婁三將軍廟（同治志）在禮義鄉寶溪同治元年寇燬四年士民鳩金重建諸生張錦春董其事

東嶽廟（嘉泰志）在縣北一里（周志）今在渡南名南天嶽廟（李志）在昇平鄉世傳於兵事有功清康熙十二年諸生宋大猷建考證（神異經）帝出自少海氏母曰彌輪仙女號金虹氏自伏羲來掌天仙六籍掌地獄六案以及貴賤之分死生之期迄周秦漢魏俱稱天都府君唐武后尊爲天齊君元宗封天齊王宋眞宗祥符中封禪始加仁聖帝明太祖正五岳祀典曰自有天地卽有五岳何假人世名號止稱東岳之神（道光志）乾隆三十八年大猷裔孫重修（同治志）道光癸未大猷裔孫改建中殿同治四年大猷裔孫同僧可見徒本宗重新（道光志）東嶽舊址在北門外嶽廟山之麓華表尚存相傳奉神意遷今所遂著靈異

潭過廟（李志）在縣南昇平鄉五十三都祀昇平鄉主（同治志）
廟東有菴咸豐辛酉並燬同治七年六堡重建

後廟（同治志）在縣南五里窓家袁王窓三姓捐建

渡南境廟（同治志）在縣南高家道光二十年紳耆高心銓等
重修

馬太守廟（同治志）在縣南八里五十三都南田

夫人廟（同治志）在縣南十五里碧溪夫人不知時代姓氏相
傳隨父來嵊舟過碧溪父失足溺水夫人號泣奔救亦溺焉廟
有烈並曹江扁額

文武廟（同治志）在縣南二十里五十三都黃泥橋

始寧城隍廟（李志）在三界古始寧治也有廢廟居民葺以祀
社吳鉉始寧城隍廟記廟去縣六十里三界里人之鎮神也創於東漢永建元年爲始寧縣治東晉咸和間中原人物遷隱

於始寧者甚多王謝其最著也隋之開皇併於會稽唐貞元二十一年洪水衝決大壞民居今之大江卽古之官巷也由是縣治廢而神祠尚存自漢晉唐宋元明歷千餘年如一日至於今不城郭而山溪自勝也不壇壝而蜡臘相承也不辟雍而多士之禮樂彬彬也不木鐸而比屋之相親相遜猶然太古遺風也樓聳戴星圖凝四望互相輝映文昌耀彩武曲揚標並增赫濯廟之南爲皇華駐節之區車馬往來冠紳雜遝無燥濕之患盜賊之虞實神有以相之也德政名鄉太欽名里民安物阜居然巨鎮一十三社春祈秋報靡敢不恭水旱疾疫禱無不應其卵翼吾人如慈母居舊壤而食舊德歌思勿諼永爲始寧遺跡云

江西東嶽廟 同治志 在縣北六十里德政鄉 嘉慶甲戌吳啓虬紀略城隍廟之南有公館爲皇華駐節之區舊設官廳三間有廊房有郵亭有門繚以垣牆前明時知縣臧鳳徐恂萬民紀等相繼葺修屋以不壞康熙九年知縣張逢歡典史毛鼎鉉重加整理改作營房以後日漸崩頹尚存公館故址不意今日之爲新嶽廟也嶽帝離相向在城隍廟張神殿左角乾隆初年好事者因以賽會事畢則漫焉置之以登封望祀之大神而聽夫村婦愚甿之玩褻此其理固已非是而廟有專神無所定其位置則是敬神而適以慢之罪更浮於季氏矣乾隆五十三年故福建邵武縣知事鄭公文蘭時以孝廉家居常謂泰山之神尊踰侯伯旣非民庶所得致其奉承而尤不宜置之潮神之側每欲付諸水火還

之太虚而其族雲蛟方將斂資作廟蕫邀神貺也于是商諸吾族瞻五崑山二君議於公館故址另闢殿宇爲東嶽棲神之所詢之衆論皆以爲然瞻五老不任事因令從姪啓虬同族崑山與鄭公文蘭雲蛟朱文德等連名具呈請於邑令唐公仁植准許改建於是舊時皇華駐節之區竟爲東嶽岱宗之府矣神殿三楹非舊日之官廳也門闌三間非昔日之郵亭也旁無廊屋左有僧寮新故異觀滄桑屢改吾恐後人之不知所從來也是爲記

後浦嶽廟（同治志）在縣北三界東岸後浦廟創於乾隆間同治初燬八年邑四都十八廿二都三界與虞邑十五都議董集資重建

回向廟（李志）在會稽界爲德政鄉祀社之所（道光志）清乾隆二十七年會嵊二邑合詳請各撥銀四兩春秋致祭嘉慶戊辰監生陳增鳳等拓基重建社人共襄成之吳光庭記神姓陳諱德道會稽人也生東漢永元己丑四月四日以孝友節義爲鄉黨推重永建戊辰年四十忽語人曰今生辰余死期也死當爲汝鄉主至期沐浴焚香端坐而逝空中聞鼓樂聲衆異之爲立廟蔣岸橋之岡廟南向吳赤烏己未一夕風雨驟作如千夫箯擁萬馬奔馳狀

侵晨視之廟則東向矣鄉人益神其事合會嵊數萬衆聯爲三十六社式廓其廟貌而顏之曰回向所以祀之者彌虔而神之福吾社者亦彌至尤能爲國家捍大患宋末帝昺逼於元師由越至東甌經駐蹕嶺禱於神得安行無虞明太祖取暨陽命謝再興守之賊將呂珍率師十萬圍之月餘樵汲具困神往還雲端呼陷陣者再呂珍乃遁時李文忠援師適至以神有勳勞疏請褒贈不報嘉靖三十四年倭寇自定海登岸所過殘掠寧紹兩郡官軍莫敢攖其鋒由曹江抵清風嶺嶺上有王烈婦祠烈婦化婦人汲水誘賊入祠突見金甲神自外至奮戈格殺官軍夾擊之殲寇殆盡官軍意鄉兵也視之寂然始相顧錯愕謂神與烈婦之靈再拜稽首去有司上其事烈婦以是得封而神顧不與天啓六年會稽余殿撰煌備疏功績奉詔查核撫按覆奏又格於部議至今社之人每以爲憾予曰是於神初無加損也雖然以神之靈歷千百餘年福國祐民炳炳若此必有錫命用光祀典謹書其事以備採擇神兄弟三號稱三鳳歿俱爲神伯主嶀浦叔主剡之東鄉並著靈異云（同治志）咸豐七年敕封保安同治元年寇燬社內捐資閭式芬董建

大舜廟（同治志）在縣北七十里東土鄉五十六都舜皇山之巔前瞰長江後臨曠野遠山四圍煙村掩映溪山絕勝處也神

最靈異清咸豐閒監生孫獻廷籌捐重建精工絕倫同治元年
正殿後殿寇燬獻廷集資重復

祠

倉帝祠 李志 在關帝廟之前清乾隆元年布政司桐城張若震檄飭各郡邑收惜字紙五年知縣李以炎捐俸率紳士建祠爲惜字之會 徐渭 路史 倉帝史皇氏名頡姓侯岡重瞳號四目翁 禪通紀 頭雙角四目靈光龍顔侈哆 河圖玉版 云倉頡爲帝南巡陽墟之山臨于元扈洛汭之水靈龜丹甲青文負書以授遂窮天地之變仰觀奎星圓曲之勢俛察龜文鳥羽山川指掌而創文字形位成文聲具以相生爲義天爲雨粟鬼爲夜哭龍乃潛藏 河圖說徵 曰倉帝起天雨粟青雲扶日帝壽二百十五歲崩有五鳳萬鳥啣土成墓在河南開封府東北利鄉亭南 一統志 載墓在陝西白水古彭衙地頡彭衙人也 述異記 載墓在北海俗呼藏書臺 清浙江巡撫襄平盧倬倉帝祠碑上古結繩而治不立文字迨蒼帝效象而書契始作闡先天之秘啓後天之機紹千聖之傳垂百王之法用以宣教化紀事功别是非明好惡均此六書之制用通乎萬事而不遺故字者實百代典章之祖也今天子重道崇儒昭同文之治山陬海澨鄉塾里社靡不莊枕圖史市夫門卒村豎野者亦能通曉翰墨良由人遵聖諭家重遺經胥在仁涵義育之中致臻斯盛而於黨庠術序復有欽頒典籍以供士子編摩其

教思所被無遠弗屆矣乃禱昧之輩以我朝雕本日多得之甚易不復知古人編韋書漆之苦怠心遂生由是剩墨殘篇委棄不可勝紀此亦有司之責勸導其可緩乎余奉命移撫兩浙而皖江張君先爲此邦牧伯重以惜字爲訓諄命屬郡邑立法措之轍下皆翕然從令而越州嵊縣李令奉教尤謹廼與邑之好義者卜地於鹿胎山之陽刱倉帝祠三楹歲春秋祀以牲醴返本報始禮數更爲沙門氏謀膳田若干俾得專職而請予言鑱諸麗牲碑余思爲政之道行一事務布以實心斯於事有成而於民有裨惜字固非政之大者然示民重文教尊聖賢敬鬼神惜福命之意均於是乎在此牧伯之所殷殷爲訓而李令能殫力經營以成之由斯以推凡有關於民生休戚之大者其能職之以實心視此矣是爲記并系辭以侑神焉辭曰神之生兮明四瞳矚奎象兮環高穹書契作兮開鴻濛應萬事兮神之功惟我皇兮景祚融合九有兮車書同申懷柔兮祀典隆告百神兮肅百工奉茲神兮宜加崇宇之祖兮文之宗卜名山兮於剡中飾丹雘兮營朱宮施者博兮報則豐幽顯判兮精誠通佐聖化兮揚休風歷萬禩兮夫何窮〔同治志〕同治五年僧碧光募重修後爲寄主祠僧普慧募建士民或助田或成會四時致祭

忠賢祠〔同治志〕在鹿胎山東惠安寺西側道光二十五年劉

姓建并立春秋分會田邑令敖彤臣紀皇上御極之元年余承乏莅嵊明年壬子春余公出道經惠安寺入而遊矚西達忠義祠乃劉氏所建以祀宋忠顯公韐忠定公子羽忠肅公珙忠簡公頜忠烈公純武穆公錡及明季忠介公念臺劉子祠前爲家廟額以五忠於追報中寓崇德尚功之意肅然起敬曰劉其有人乎適邑西太平鄉士民籌治萬金隄環請履勘得晤明經劉君安亭談次論及在城忠賢祠始悉制實劉君所擘畫心儀之丐余紀巔末以示來者會遷德清不果六年秋銜憲命入嵊勘荒公事畢諸生餞余於惠安寺劉君復出建祠緣略求記展視之知劉君以郡城水澄劉族舊有是祠欲倣之而艱於貲族子漢川之箎曰陳奇朗有爲初偕嫡裘承所天命於大宗祠南立祠祀小宗文敏下裘故乃竟之劉君多念坊之榮寵祇一身祠爲一族光願輟坊以建祠病革命孤啓其義邀族衆立孤啓瑞且擬與裘並請旌陳聞劉君欲創是祠瑞以三百金券畀劉君安亭樂共輪襄事以成陳志仍爲請旌余乃喟然曰賢哉陳一婦人竟能不以一族易一身之榮寵卒之舉族樂予上邀旌典榮寵益彰此其過人遠矣祠制正室四楹分間者二翼以廊左續寺右廡於室爲龕三中祀忠賢七左列族之有功德者右則裘與陳經始道光乙巳匝朞而竣

崇義祠　同治志　在城中清河坊清同治五年建祠祀洪楊時

死難諸人歲以十月初五日致祭蓋洪楊軍入嵊在是日而次年去嵊亦是日也畢祭則歸脤於死難者之裔示尊其先者無忘其後也置祭田百畝又歲修田五十五畝則與節烈祠合置云

北山忠義祠（同治志）在三十一都轂來村北清同治五年建祀北山洪楊時殉難義民歲十月初十日設祭頒胙置祭田若干畝

按崇義祠曾改名忠義祠未詳其年蓋在同治之末或光緒之初至民國元年復改崇義祠惟北山忠義祠尚存舊稱云

節烈祠　故爲節孝祠（省志）在縣治百步東街清雍正五年知縣張泌奉文建（道光志）乾隆五十三年知縣唐仁埴還實性寺東

清唐仁埴記志載縣之風俗稱閨閫爲最肅女事女紅婦修婦道其爲婦者或不幸而遇人不淑率能完貞矢志兢

以節聞考烈女自晉公孫夫人始鈕滔母孫氏爲作序贊者也嗣是而梁而元而明以逮我朝或節以烈全或節兼孝著蓋比比矣其建爲祠以祀掓自雍正五年甚盛舉也間覽嵊之爲縣山蔥秀而重疊水清澈以縈迴固宜有靈瑞鍾之於人而人之爲女子者亦且標特行而世出如志所云凡有未亡人皆得旌表是也又其地介台越前代多當兵衝海賊獠寇尤甚死於虜者志不一書焉其冰霜水火之操誠有巾幗可媿冠裳者乃忠臣烈士俱得磊磊垂名汗青而婦人女子之以節傳者蓋鮮獨此區區之表其墓與廬俾鄉里哀苦志序其行與事於邑乘而享祀之數百年上數百年下幽芳共享一堂用相慰藉亦可悲已余以今年春奉天子命承乏茲土式其祠椽斷垣頹而瓦礫糞草咸爭此土阯蓋適當城中百步街之東側市廛錯雜處也余慨然曰此非作宰者之責乎夫民社之重大端二而已農田以養瓜匏果蓏之細不可不知而五穀其本學校以教學問詞章之美不可不講而五倫其本詩不云乎民之秉彝好是懿德前世之所以有祠也曾幾何年而墁堊不飭馨香不餟地不潔清俗不嚴肅其何以教爰訪節婦諸後人王念祖崔貽穀等謀擇地而遷之有明倫堂之西偏隙地一畝余且色然喜喜以關風化之人傍風化之地其得所也乃度土木所需急捐俸錢以爲之倡尅日興事列屋數楹以居其主表以石坊繚以垣牆供以香火咸驩然曰自華亭袁公秉直濟寧李公光時莅任以來繼蓄此志顧八年於此而未果也今而快落成矣余既觀厥成

若釋一憾者然遂約略重建之由而爲之記抑更有望焉其在志於公孫羅烈婦事多佚其夫名陳婺妻佚其氏又凡載其姓氏夫家而不紀其行實皆爲之後者無家傳以傳於世故若此潛德幽光惟壼内易爲淪沒必子孫能述而寶之則如古之能文章者采風所及庶皆有所据矣夫

同治志　咸豐辛酉寇燬同治五年合邑重建額改節烈置有祭田五十畝祭與崇義祠同日以每年十月初五日爲期

惠獻祠

李府志　在縣南一百十餘步舊爲布政分司址清乾隆六年闔邑士民呈請爲甯海將軍固山貝子立祠於此提督裴鉞庶吉士魯曾煜皆有碑記載藝文志而以知府許宏勳參將滿進貴知縣張逢歡配今已傾圮

李志　會稽田易平定浙東紀略康熙甲寅三月二十四日靖南王耿精忠叛於閩直犯浙東連陷常山諸縣伏莽騷動紹郡奸民亦羣起應之如金國蘭邱恩章楊四邢起國胡雙奇王稅俞鼎臣等僞稱都督總兵者凡四五十人各擁衆互爲聲援時郡中防兵奉檄調援三衢存不滿百於是諸暨上虞嵊縣新昌之賊遂乘釁於七月十二日直抵博古嶺進逼常禧門鎮將許捷方合婚張樂置警報於不顧知府許宏勳集家丁民壯得數百人分道出擊斬首百餘級日晡賊

從南門渡河攻稽山門門故僻隘又城垣傾頹不可守宏勳連夜堵塞并撤春波橋遏賊之衝復命善射者從陴隙叢射多應弦斃有肉搏先登者則推巨石摧壓之賊又從箬簣山渡河移柵五雲門縱火燒民舍城中多賊諜謀內應宏勳令家懸一燈人自爲守晝聽與販夜禁行者羣黨因不得逞次日賊攻五雲門宏勳部署士馬啓門出戰斬首四百餘級溺水死者無算十五日會城寧郡援兵至乃啓常禧門出師襲擊郡圍以解而散之他邑仍肆橫如故八月大將軍康親王固山貝子寧海將軍奉天子命來討耿逆師次杭州商酌攻取次第貝子曰逆賊甫叛而卽寇浙是以浙爲藩籬也欲平閩必先平浙又必先平台台平而後取溫入閩勢如破竹矣康親王大喜嘉納九月貝子統兵赴台州將至嵊縣聞郡城敗回之賊復陷嵊城貝子曰嵊紹邑也介於杭台我前而彼後其能兩顧乎命參將滿進貴知府許宏勳知縣張逢歡急發兵殲之撥兵一千授以方略凡殺賊百餘其黨分竄石山頭官莊溪頭上王蔣岸橋楊盛長橋等處貝子命把總馬國常防守縣城而檄參將滿進貴知府許宏勳都司王德輔守備周鳳滿明侯知縣張逢歡分路進攻一敗之於沼湖再敗之於崇仁富順等鄉三敗之於長樂太平開元等鄉斬首共一千八百餘級奪還俘掠無算釋良民之被脅入賊者一百七十五人民慶更生而俞鼎臣趙亦賢等復合潰兵溯剡溪而上沿途刼殺貝子謂山谷險阻亡命依爲巢穴朝集暮散可計取不可力攻也乃佯檄班師大合僚屬鼓樂侑飲賊

偵知亦卸甲劇飲至二鼓蠻遣進貴等三路進擊賊倉皇不知所措生擒邱恩章等九十餘人悉斬之貝子曰治軍原以綏民弭盜不全恃武餘黨之盤踞於山谷者宜廣招徠勿草菅民命也宏勳等遵諭奉行遂有原任尤溪知縣虞敬道考授州同知虞卿監生章尙策等深入賊巢開陳禍福一時賫僞劄率衆歸順者以億萬計而王茂公楊四邢起國胡雙奇金國蘭等復結聯土豪連陷浦江諸暨餘姚等縣官兵討之大敗於紫閬山而貝子所遣夸蘭大張碩志者又大敗王茂公於上虞之平家堡由是各邑之賊悉平按此則貝子之生全不僅嵊邑矣　今廢至攘除羣醜康靖海圍無關紹郡嵊邑者姑闕不書

它山祠（張志）在南門外明嘉靖初北向清順治間徙城下南向（同治志）同治閒里人重建（李府志）它山者唐太和中鄞令王元暐築堰捍江引它山水入小江湖灌溉甚溥民德而祀之奏封善政侯

張陳二侯祠（李志）在南門外卽陳侯故址邑人以二侯捍水患有靈立祠祀之清順治閒南埠杜端宋龍等重修（道光志）一在四十七都甘霖鎭道光乙酉里人重修

龐蕭二公祠（張志）在應台門外祀明巡按龐尙鵬巡撫蕭廩

以知縣林森朱一柏配今廢（周志）均平有額辦坐辦雜辦二辦有定數雜辦煩而不經三辦皆十年輪轉九年併力一年而坊都之長當雜辦往往破其家（李志）嘉靖四十五年巡按御史龐公尚鵬均平額坐雜三辦銀力二差蘇東鬮遞役萬歷十二年巡撫都院蕭公廩檄縣禁革糧甲里長折解及見面禮等弊百姓祠祀之

施公祠（李志）在應台門外祀知縣施三捷（同治志）今廢

尹和靖祠（李志）在縣治東紹興中尹焞乞致仕其婿邢純迎養於越第四世孫仲熙仲亨遷剡立祠祀之今廢考證（本傳）尹焞字彥明本洛人師事程頤嘗應舉發策有誅元祐諸臣議焞不對而出告頤曰焞不復應進士舉矣頤曰子有母在歸告母母曰吾知汝以善養不知汝以祿養頤聞之曰賢哉母也于是終身不就舉靖康初用种師道薦召至京師不欲留賜號和靖處士及金人陷洛焞闔門被害焞死復甦劉豫以兵刼焞焞抗罵不屈夜徒步渡渭潛去紹興八年除秘書少監兼崇政殿說書直徽猷閣極論和議之非又書責秦檜乞致仕

喻公祠（李志）係候謁館故址在布按二司之間祀明南京兵

部尚書喻安性崇禎己巳建〔張志〕因改折南糧便民合邑建
祠祀之邑令劉永祚碑記夫人所稱元勳大老負濟世匡時之
略爲國家奠磐石者豈乏人然自禦敵驅戎之外功高
彝鼎止耳求其念切民依而留心桑梓之地興莫舉之利革難
拔之害未有如養初喻先生其人者先生筮仕江右理刑時朝
議開採命下騷然震懼兩臺憂之先生從容獨任爲之繪圖創
設當宁色動遂撤使不行及擢居諫院中貴司禮監成敬亂政
抗疏論罪置諸法餘黨側目忌先生近君彈覈搆孽左遷羅定
州僉事時香山墺倭夷雜處紛然內訌廷議將興十萬師先生
以單騎詣之指分利害散倭戢東南夷十數萬先後撫薊及遼
惟切切焉肅軍足餉是計且禁免加派議薦將材甄別將領攻
守奏禁璫監收稅爾時邊塞告警魏黨煽禍國家宗社幾危疏
凡百餘上得先生倚爲長城先生敭歷中外踐更四朝旌旄所
駐隨地生春余每私念先生之於宇內既若此其勤勞撫安於
桑梓之地又當何如耶余自承乏嵊邑竊見秋米折色雖前令
黃君廷鵠申請而實先生之力居多嵊向解觀海衛三所秋米
至五千石有奇稱河運云時當新穀未升之候盡括以解邑中
棼棍攬稱解運詬呼甚厲輸納者有駭電絞繩之急投河服鹵
之慘而莫之控其包運者又惟利是視即有湮沒紅朽仍貽累
里甲然又不得不付之攬頭運包蓋攬頭與貪弁猾書朋比營
奸極蠹不堪之事二百餘年以來無不痛心疾首先生憫然念

此創爲折議約豐儉而扼其平每石折銀八錢限期輸征以解事極稱便不累民而給軍儲請之臺院諸司業允請而又梗撓於攬頭梟棍暨該衛貪弁猾書先生仗義益力主其事而折議遂成抑神宗時倭餉既定嗣有閏月遊兵之派吏胥影射里甲疑騷先生面言之撫臺行司覈覆乃徹底清楚且愀然曰新餉與額銀兼徵作俑者誰而弁髦成憲朘削小民致使吏胥得以影射剝有限之脂膏塡無窮之谿壑大非建邦伊始子惠元元之意何違祖制若是會賦役全書有編纂之令移書刑廳主者拳拳於新舊兩開以俟徵信爲異日蠲除地不啻三致意焉蓋嵊自米得免運民已無耗敝之歎而况閏派弊剔無復額外婪索坊里重負宏恩此其功德蓋已家沐而戶濡之且其利賴悠遠不止百世已也繼督南橋肇創先生規畫指誨時皆駭難及告竣凡所以營度於始謀度於終者一如先生之所指畫而民不集怨濟垂弈葉則施令三捷之得舉是事亦先生成之也先生爲人慷慨貞亮復恭和善下雖貴顯冠一世而宗黨鄉閭間每恂恂如不及斯嵊之紳士黎庶莫不奉先生爲依歸即無折色剔閏冒餉諸惠澤及嵊爭愛戴之况惠施七十二坊里之大且遠乎爰於二司隙地之間歛資建祠春秋潔牲醴奉祀庶幾古人崇德報功之意即顏爲崇德祠祠成將貞之片石向余乞言余惟先生生平勞於王事鞠躬盡瘁艱險不避權奸必斥一本忠誠以抒其偉抱而凡所措施動關民隱無論居官居鄉一切有利議興有害議除會稽陶祭酒石簣嘗語余曰以聖賢之

質而行豪傑之行惟先生有焉此殆以神貌先生者歟（新纂）洪楊後傾圮清光緒季年合邑捐資重建附祀劉除糧弊之周禮南呂鎮雄應學詩張謨呂爕煌五人設糧席公所於祠內

靈濟侯祠（道光志）在縣東門外迤東百數十武宋時建祀潮神陳侯（夏志）宋理宗紹定四年辛卯五月初一日勅金虜懷奸冒干神器幸賴潮神陳賢顯神通於蔡州颶風黑雨金人眯目斬首萬級餘種歸降將卒疏奏是用襃封下詔有司立廟崇祀加號爲靈濟侯改署太尉堂爲靈濟祠　淳祐十二年壬子八月十四日勅巨浸所稽視無端倪洶湧傾洞窮東極西於是而能洄洑狂瀾迄無吞嚙非神之功豈人之力式俾侯爵聊慰輿情特封善應侯奉勅於右　寶祐元年癸丑正月十三日勅兩浙洪水爲患尤深幸錢塘潮神靈濟侯大顯神通逆風退浪不壞民居不傷民命祠宇臨江水波不入嚴衢近郡亦賴保全是用重褒封號旌異靈聰宜改善應侯爲協惠侯載諸祀典（周志）嘉靖二十三年詔有司春秋祀之邑人裘時獻具奏趙世瑞佐之春以三月十六日爲侯所生辰秋以八月十八日爲江潮之侯故有祠在浦橋洪武十七年增建於邑之南門成化二年知縣李

春重葺十三年縣丞齊倫拓大之（夏志）教諭三山陳炬記天生異人必賦以非常之質蓋欲其建非常之功護國祐民捍災禦患乃其能事也而英靈尤顯於沒世是宜朝命旌之後世祀之鄉人賴之仰之若父母焉若剡之陳侯足以徵吾言矣按剡志侯剡西浦橋人諱賢行百廿五生於有宋乾道戊子甫成童即著靈異常假寐出神遍遊江海拯護沉溺有祭獻神輒享之寤則咥所享牲肉或袖出紙錢以示靈異嘉定庚辰錢塘西岸築堤潮水衝擊功弗克就侯手植竹地上戒潮毋得踰俄而潮至望竹勢伏迤邐東行無何西岸沙擁成阜居民賴以保全紹定庚申侯歿有禱即應名聞於朝立祠祀之端平甲午王師滅金人於蔡州神現顯迹協兵水戰封爲靈濟侯淳祐壬子能弭水患加封善應侯景定庚申借潮濟渡加封協惠侯明天順戊寅張秋水決勢莫能禦朝命大臣按地計畫築堤捍水所費鉅萬弗克就緒神夜託夢於守土吏告以名氏允以默相自是功日漸積患止堤平抵今彼地廟祀不絕浦橋乃侯故宅有廟以妥神靈第弗邇水次商客篙師艱於祈禱洪武甲子衆建行宮於溪滸以故乞靈者衆凡邑祈晴禱雨請福禳災者尤甚成化丙戌邑令滇南李侯春重加修葺迨丁酉秋適驟風雨廟將傾圮少尹齊倫謀欲修之且念舊址狹隘弗稱神棲圖以拓之卽捐俸爲倡命邑人李勤具疏徧請於寮宷判簿郝逵司訓連銘幕賓劉雲各助俸貲而邑之名家義士樂施不吝乃於戊戌夏鳩工修拓迨秋告成輪奐炳

然神像森若足起人之敬畏於時適張侯鵠莅政之始徧謁諸廟詢厥始末求余文以闡神功以彰民義余故用是記之俾邑人知所敬仰且表助資者之善云　嘉靖三十四年知縣吳三畏徙今所樹石坊以表之萬歷三年知縣朱一柏置香田朱一柏記略正德丙子五月邑令林誠通考績北上早行迷道忽遇老人引之斜行得脫寇害老人忽不見林及從者憶其貌酷類陳侯塑像知其爲神由是林令悉其前後之功奏請祠祀准查未報至甲辰乃祀今邑士民捨置香田立神戶田三十七畝地六畝慮其久而無徵爲之請記余書其事於石十五年知縣萬民紀以石坊低下壅蔽廟門更高大之外闢地使夷曠治其事者爲縣丞吳鶚鳴〔李志〕康熙四十八年燬僧祖來建未竣復燬乃去繼者僧岳宗假建祠名私售祀田至控追不已雍正十二年邑紳士汪宗燦等呈知縣傅珏仍延祖來住持重新殿宇復還祀田襄其事者其徒傳月成宗也〔李府志〕乾隆五十七年知縣周丕捐葺〔同治志〕咸豐間燬同治四年僧普兆建側樓三間是年奉旨加護國二字春秋致祭李志周熙

文曰神姓陳諱賢字希文累封靈濟善應協惠侯事實略見宋時勅書及明新昌侍御俞浙墓記而不詳世系按侯先世閩中人諱堯叟者宋端拱乙丑狀元及第至四世孫銓宋大觀己丑以賢才授山陰令致政遂居剡之清化鄉子昱字世嘉紹興丁丑進士官兵部侍郎是爲侯父侯生九子曰裕曰祥曰祐曰祉曰禶曰祺曰禮曰禴裕嘉定辛未進士官揚州刺史禶慶元己未舉賢才科官戶部郎中禴咸淳戊辰進士官湖廣僉事祐爲神祐生三子曰蒔曰芝曰芎蒔爲本邑尉芎爲神祺生二子長曰荷爲神次曰芬咸淳辛未舉明經科禮生二子長曰芳德祐丙子舉孝廉科次曰菫生三子三曰旻亦爲神乃舊志既不載而科名錄亦闕焉不列選舉誌愼也然世系考井井若是未可竟淹爰附誌於此又明天順戊寅山東張秋水決侯見夢於守土吏默相築缷今山東廟祀弗衰蓋欽承朝命也嘉靖甲辰鄉民裘時獻等乞崇祀典丙午禮部尚書費貝題奉旨聽有司照常舉行春秋二祭而記亦弗載何也

吳公祠（李志）在望越門內祀知縣吳三畏置田三十三畝零（同治志）咸豐間祠傾圮邑紳重建正廳三楹

王節愍公祠（道光志）在縣後月嶺下道光三年建（同治志）

同治間王姓重修事實詳見藝文志魏敦廉記

白雲祠 李志 在金庭白雲洞祀昇仙王子晉

孝節祠 同治志 在縣東金庭鄉十四都華堂山陰朱潞記道光丁亥余應剡令李果亭明府之招纂輯縣志採訪孝節若干人而莫奇於華堂王氏夫婦吁可敬已孝子子名瓊右軍後人明洪武間父嗣仁被逮譴戍孝子請於縣遂代父行抵金陵病死妻石氏事兩世邁姑撫三月孤成立姑歿以哀毀卒傷哉同時周傑以父繫獄上書求代獲免歸養者十餘年魏家鑑妻葉氏夫歿撫周晬兒成長卒年八十有九天雖嗇其遇而終成其養或永其年何王氏伉儷之不幸也方代其父從軍家遺老弱風餐露宿之間定省久曠捋荼茹蘖之際甘毳時供卒之子爲父死婦爲姑死天之報施善人何如哉然其子文高岐嶷自立以孝義稱生子四鈍以貢授南安府教孫二十七暄成進士授南康刺史多惠政下逮應昌以孝廉授雷州別駕心純以進士授淮揚兵憲事詳邑志不贅迄今子孫蕃衍簪纓不絕是孝節雖嗇於其身又未嘗不隆於其後也天之報施誠不爽哉余嘗遊金庭山挹香爐五老之奇俯花光水色之勝見夫丹甍翠桷宰木櫹槮翼然出於靈表者孝節之綽楔也玉碣金題栴檀醃藹爛然映於清流者孝節之神龕也展仰遺像靈爽肅然清鑑毛髮則孝節之潛

德幽光有以佑啓後昆焜耀宗祏也豈非天所以報之者遲而益厚歟裔孫秀清屬余記其事余舊史氏也不敢以不文辭因誌其巔末而系以詩

王右軍祠　張志　在孝嘉鄉金庭禪院左後裔祀焉

石眞君祠　張志　在孝嘉鄉沃洲石氏宦歸有浮石附舟行數百里怪之奉歸立祠累著靈異神乩自撰碑文

仙君祠　道光志　在縣北游謝鄉仙君卽靈運也嘉慶六年因舊址狹隘改建於揚坑橋之北　同治志　咸豐十一年寇燬左側同治七年徐渭濱等重建幷修殿宇

王烈婦祠　李志　在清風嶺烈婦臨海人宋末爲元師所刼嚙指血題詩嶺石上云君王無道妾當災棄女拋兒逐馬來夫面不知何日見妾身還是幾時回兩行怨淚頻偷滴一對愁眉怎得開遥望家鄉舊志作家園何處是存亡兩字苦哀哉寫畢投嶺下

死血漬入石天陰雨墳起如新元至治元年縣丞徐瑞鑿石爲屋樹碑表之阮元兩浙金石志王氏婦赤城人也家世未聞至元丙子天戈南指士馬充斥有自赤城得王氏挾至剡清楓嶺王氏爲詩嚙指血書於石崖自湛死見者莫不盡然爲之傷感或作詩嗟悼之余來佐剡道越見宣武將軍紹興路鎮守脫帖木爾爲余道其事且曰昔鎮剡時欲紀之石未果也君其圖焉余至邑詢父老間嘖嘖能道其詳且得所爲詩後過其處復見其遺蹟至今四十餘年苔荒雨蝕字幾不可辨而血痕漬石間隱隱也夫一念之烈貫徹金石久而不泯亦異矣噫殺身成仁聖人惟許之志士仁人今以一婦人而能奮不顧身視死如歸豈不難哉余懼事愈久而跡愈泯與同寮謀而語之邑人即其旁築小室刻其事於樂石以傳諸遠以俟采錄焉蓋亦厚風俗之一端也併系其詩於左至治二年歲在壬戌夏五月從仕郎紹興路嵊縣丞東平徐瑞述後五年僉浙東廉訪桂夏志周志作杜誤秉彝爲木屋四楹於石屋之南至正中旌曰貞婦永嘉李孝光記紹興總管泰不華書十八年屋燬守帥周紹祖重建周志始豐徐一夔記明詔有司春秋仲月致祭正統初參政俞仕悅姑蘇人命邑令建復祠宇周志俞自爲記其略曰

予因考察官吏道經祠下見祠址沒於荆棘不能不爲之慨歎甫至縣首責有司之怠事慢神繼立父老於堂下曉以大義咸皆感發願捐貲重建後回過其處而祠宇有已落成矣斯邑之民可謂淳篤而易化與後知府白玉重修記

成化十五年知府戴琥命縣丞徐倫重修（夏志）禮部員外郎上虞陸淵記我郡侯浮梁戴公下車之三年廼成化丁酉夏五月循省風俗過嵊之清風嶺瞻拜王貞婦祠下徘徊久之慨故室頹廢莽然烟日中不足以仰副朝廷表勸之意命邑丞古青齊君爲更新之舉君亦有志於是者聞命踴躍遂以某月告成邑學司訓金陵王宗大走書請記予嘗讀元著作郎李公孝光所爲貞婦傳三復敬歎竊以德祐之禍自有天地以來蓋有數者衣冠犬羊未可勝紀而貞婦乃能以一女子與文山諸公後先死節以壯觀六合驚動千古不亦至偉者哉元有天下旌曰貞婦祠始用石嵊縣丞徐瑞爲之後即其南更以木屋僉浙江廉訪司杜（桂當作）公秉彝爲之既又燬於兵發浙東道都元帥周侯爲之徐自有記周則始豐徐先生記之杜（桂當作）事入焉我高皇帝制作禮樂凡忠孝節義者詔立祠以祀貞婦祀因得復歲且久姑蘇俞公爲之郡侯漢中白公爲之俞亦自有記白則侍講呂先生記之爰及我侯蓋六七作矣視諸君子無愧焉方貞婦就死時知有夫耳知有舅姑耳知身不可辱仇不可事耳心事暴白與否旌不旌祠不祠何假計耶二百年來使人感動振作昌大其傳如是豈非天

理在人自有不容已者抑又以見凡爲人臣妾所貴自盡他不必豫聞也在古之禮閨門無外職貞婦一旦臨難能擇所從宛轉多方以求一死卒使醜虜不能肆其毒而又從容血石以言志若舊嘗經歷者然是雖其天質之美而宋家禮教之風下行閭巷亦槪可想見也後之鄙夫乃以不死霞城謗之推其心蓋卽當時俘囚婦人雜守貞婦者之心耳甕雞不足語天何足異哉予素慕貞婦事大有關於風教而愛我侯爲政克務其所先重以宗大之請不敢固讓於作者之後也於是書諸石　弘治十二年知縣徐恂新之萬歷五年知縣譚禮修前廳額曰元貞婦祠十三年推官陳汝璧按嵊飭縣萬民紀更新其宇改題宋烈婦祠（周志）大學士新昌潘晟紀略嘗觀國史與郡志貞婦時宋祚既移元運將啓則此千夫長者乃提兵招郡縣之校雖多殺戮而上下名分略定非復昔日犬羊馳逐之悍也以故烈婦諸哀懇之辭於俘婦中得以自達防守雖嚴而驅逼少懈遂得乘間嚙指出血寫詩崖石間從容自墜而死否則一時憤激身被汚辱輕死於白刃其心何以自明哉曩嘉靖間余以南司成讀禮歸拜瞻祠下見老父能言容美士兵追討倭奴若烈婦神驅使之入祠者幸一舉而盡殲之余觀四壁血漬殆滿獨烈婦几座尋丈間無纖滴點汚是烈婦貞心勁節雖數百年後猶凛凛然使腥羶不敢近而况當時生存孰得而犯

之乎此烈婦所以有祠也祠堂廡傾圮郡憲沔陽陳公過剡謁祠恍然符諸夢寐乃即囑邑尹南城萬君式廓而更新之撤其舊額改題曰宋殆與綱目書文陸諸公死宋者同時萬君初莅任樂成公志遂捐俸率鄉人之慕義樂助者高其棟宇易其朽腐祠前爲軒又其南爲廳三楹文以柱石繞以周垣丹勳黝堊靡所不備庶往來瞻仰者一時改觀而歲時伏臘亦稱其崇祀矣陳公以名進士素持風紀萬君雅有清譽其共成此舉實扶植綱常表正風俗之一機也余故樂從邑人之請歷闡其幽以記之

石　清康熙五十七年巡撫朱軾檄紹興府知府俞卿重修（道光志）　嘉慶十二年邑令沈謙紳士吳啓虬徐建勳等倡捐重修（同治志）　同治四年知縣蔡以勳助俸錢百貫令附近紳士募修五年裘萬清倡捐建華表於祠前　按萬清於咸豐八年補用江蘇府經六月解餉皖營途中值鳳陽張賊相去僅二三里許清急仰天禱清風神忽風雲大作賊避雨入城餉獲解建華表答神庥也紹守李題額內翰蔡君以瑞偕諸名人有詩聯

應公祠　（李志）　在崇仁鄉桂巖居人祀其祖宋知縣應彬

陳侯祠　（同治志）　在永富鄉二十八都三畝頭莊宋時三姓同

建明正德四年改太祖廟張姓拓基重建

蘇文忠公祠（同治志）在縣西羅松鄉三十五都前後白竹裘姓前家坑史姓建

葛仙翁祠（萬歷府志）在剡源鄉太白山有丹井藥竈

陳公祠（周志）在長樂鄉四十都杏溪（李志）祀宋龍圖學士陳襄考證舊志陳襄字述古號古靈先生閩之侯官人以論王安石呂惠卿專政斥歸過嵊訪邑令過昱嵊人祀之

張神祠（同治志）在長樂莊明初錢敦禮建清道光己亥裔孫釗增廓之

陳侯祠（同治志）在長樂莊東北隅

清風王烈婦分祠（同治志）在縣西南七十里四十都貴門山之梅墅道光三十年建貢生裘鐘紀略剡西貴門之東有清風神祠者何爲祀宋王烈婦而建也烈婦生長臨海死節於清風嶺於貴門何居曰呂君粟齋受神陰相建祠里中以酬神貺也何受乎神相歲壬辰邑有不節之人將

冒膺節義之旌邑紳士公擊之常白省中諸大吏而呂君任其事買舟由剡溪北下過烈婦祠忽見雲旗飄颺掩映林樾間恍然心感迺登岸至祠默禱求神陰相厥後事果濟始知神之爲靈昭昭也夫節義所關最重設不節之人得膺節義之旌風斯壞矣惟神重節故不使不節者玷其間以維嵊之風俗是神豈獨有德於呂君哉今呂君因公事祈神而卽罄私槖以擴分祠初不求佽於人亦可見其褒崇節義之心獨摯矣祠創始於道光庚戌落成於咸豐辛亥正殿三楹肖像以祀仍顏曰清風表節也

佑順侯胡侍郎祠（周志）在縣西五十里繼錦鄉（李志）本傳胡則字子正永康人宋端拱己丑進士歷官兵部侍郎嘗奏免衢婺二州身丁錢民懷其德戶皆立像祀之胡歿於慶歷中（紹興府志）云廟初未有封爵宣和中封方巖神爲佑順侯永康之民遂牽合以爲胡侍郎而嵊亦承誤焉按宋胡廷直赫靈廟記廷直四世從祖尚書兵部侍郎保定公於婺州爲鄉里其生也利有以惠之其歿也功有以庇之婺之人廟公於方巖歲時奉祭甚謹鄰境別祠又甚多宣和中盜起清谿保險方巖恃池水以濟一日盜首魏九夢神人飲馬於池明日水涸盜懼遂降廉訪使王導以聞封佑順侯倉卒不審止用方巖神奏而逸其姓氏衢婺之人凡厥祀事祝板旗幟皆實公爲佑順侯從舊也繼而闔邑士

民狀於有司力請正名紹興三十一年廷直爲建安縣丞遂請於上朝廷可之賜額曰赫靈明年二月命下據此則方巖神仍侍郎也（府志）云誤或亦因奏請時止稱方巖神耳今附正之

姜仙祠（李志）在清化鄉明萬歷丁未知縣施三捷建按神名洪禱雨輒應所施雨率大如注連日夜不休諺云姜公放雨胡盧傾底萬歷丁未知縣施三捷禱之驗爲建祠焉詳仙釋

陳侯祠（夏志）在縣西十五里清化鄉浦橋（道光志）各鄉崇祀甚多維浦橋爲侯生長死葬之地宋時侯裔孫築亭墓上奉時祀　宋御史新昌俞浙記剡之浦橋有神曰陳侯諱賢者生於乾道戊子歿於紹定庚寅既歿神功禦災捍患所在響答至端平甲午以水戰助王師滅金人於蔡州封靈濟侯淳祐壬子以厭殺浙東西大水浸淫加善應景定庚申借潮浙江航貴人舉婁加協惠此其事卓異載在祀典人所共知也而詎知又有甚異者人歿而爲神有之矣未有生能爲神從事幽冥以濟物者也侯生稍長不問晝夜遇假寐輒神遊江海間拯護舟楫或爲人驚寤則曰壞一舟矣人每設祭潮神侯與焉寤則生所享牲肉是所謂生能爲神者錢塘行在所恃堤岸以捍江潮嘉定庚辰潮怒嚙堤由侯潮門抵新門潰突不可遏漂廬舍汩城

廟日益甚朝廷命有司起徒卒戮力畚鍤隨築隨毀相顧無措召神問討侯呼江神祭以三牲喻以關係利病手一竹植沙塗上誓之曰神有靈無使潮越吾竹以爲神羞潮至望竹伊邇卽勢伏迤邐折而東行未幾西岸擁沙成阜畚鍤就緒而長堤屹若山繞矣水之爲潮天地呼吸升降古今往來東西不敢自恣而聽命於侯人之生也必稟五行之秀侯蓋鍾夫水行之英靈瑰琦不斷喪其神氣氣類感召無幽不達人見其蹟之似怪吾見其理之爲常也嘗欲傳其始末一日剡之鄉丈人趙公炎來道侯之孫某竊慕古人顯揚先祖之義將築亭墓上奉時祀求文爲記吾方遜讓若有物觸其衷者蓋吾少時舟行浙江中流浪湧幾覆篙工仰天呼侯數四浪輒平舟獲善濟吾時常有祈禱之語久未克償今之觸吾衷者侯其速吾文以償其願與遂爲侯記之侯墓去家百步而近弟某附焉子九人第三子無作神功濟物雅有父風又以見英靈瑰琦之神氣人間得之於天子間得之於父信非脩爲方術所可與能也因併記且求質於世之君子云德祐乙亥六月既望記　明史氏建祠奉祀清嘉慶十年知縣陸玉書因陳氏子孫許訟廟貌將頹諭令史氏重修二十五年知縣葉桐封復令史氏世修之葉桐封記歲己卯夏余忝蒞嵊邑公餘取邑志觀之見侯護國佑民之功心竊慕焉然以未得侯故里爲憾庚辰夏因公務出城西浦橋詣侯

廟瞻侯像讀陸君玉書募建侯廟引知浦橋實侯故里廟本史氏創修後因侯之裔陳子燊許訟吳君斷子燊經理致廟圮壞幸陸君見廟心惻仍諭史氏立董合邑捐建并捐俸首倡俾今臺殿門廡黝堊丹漆極輝煌者實陸君與史氏之力也夫古來善始者實繁克終者蓋寡余今嘉陸君美意又喜史氏之相與有成焉爰爲之記并述舊碑所載立廟緣起云廟始於前明侯之孫築亭墓上至嘉靖壬子紳士史國卿史立鐵集義創建萬歷丁亥紳士史超元史孝則史孝保等復爲創造廟貌一新清乾隆二十二年紳士史聖忠史敬節等拓舊址而恢宏之茲紳士史節芹史俊節等尤能將己祖暮春起彝塋田蔞築殿階復留餘地以爲坦道前後數百年間捐建者不乏人而史氏世爲領袖贊成亦可見史氏之不忘神功能繼祖志以有今日也後乎今者嗣而葺之擴而大之則尤今董事之所深願亦即余之所厚望也夫

同治志　同治戊辰重修

同治八年仲冬之月署嵊縣篆丹徒嚴思忠記顯應陳侯祠之在嵊東門者有司領之而浦橋有祠爲侯桑梓之地蓋陳氏之家祠也上虞梁湖鎮亦有陳總管廟隔江爲曹娥壩同治元年洪楊潰軍自壩乘筏夜渡忽大風激浪筏掀盡死人皆詑爲神助五年浙撫馬公據上虞縣詳題請敕封奉旨加封護國由上虞縣移知俾嵊人載入邑志按陳侯諱賢字愷山剡西清化鄉人生於有宋乾道戊子歿於紹定庚申葬其鄉之浦橋莊距所居裁百武侯生而神靈能捍水患歿爲潮神廟食錢塘江

上累封靈濟善應協惠侯德祐乙亥侯孫築亭墓上奉時祀侍御史新昌俞浙爲之記元季侯裔析遷他邑留剡者亦東西散處至前明葺祠之役乃藉手於史氏史氏者陳之姻好也清乾嘉間葺祠者再復賴史氏贊成之歲三月十六日爲侯誕降之辰子孫上冢畢祠中演劇娛神招史氏會飲以識舊勞迄于今不廢祠產田十八畮地五畮山七畮有奇載在陳氏族譜向畀住祠僧收息以供歲需有前邑衿裘坎張暐等居間約券今歲繕修邑志侯裔孝廉光榮自諸暨來嵊乞予文爲祠記因爲述其崖略如此侯之閥閱詳周明經熙文世系考其宋代褒封年月事實見紹定淳祐寶祐敕書與俞侍御墓亭記互異姑並存以備攷又按康熙間趙恭毅公題請給封疏據嵊縣詳紳士李茂先等稱侯爲宋進士而邑志進士題名無之周明經言侯父昱子裕綸俱進士亦不言侯爲進士也豈李君所稱或別有据歟又稱宋室褒封由太尉而進靈濟轉善應而加協惠俞侍御敘侯事甚悉獨無太尉爵秩唯紹定辛卯敕書改署太尉堂爲靈濟祠或當日先贈官太尉後封靈濟俞記偶遺之歟頃歲馬公題封事實中謂嘉靖二十三年詔封顯應考邑志但載嘉靖二十三年詔有司春秋崇祀無加封顯應之文趙恭毅疏中亦云元明代往久虛誥敕之頒僅享春秋之祀頗疑顯應神號即由恭毅公題請後敕封然志乘既無明文可證官府又無檔案可稽亦唯闕疑

以示慎耳矣

忠孝祠（道光志）在清化鄉祀宋定城尉殉難張愍明孝子張燦

葛仙翁祠（同治志）在縣南二十五里禮義鄉蒼巖莊獅子巖中有大井（剡錄）泉品第十八道光乙巳俞氏重建邑人高振芳碑記剡之南二十五里蒼巖莊曰仙林里相傳葛仙翁曾居此名也翁諱洪字稚川別號抱璞子仙像在莊北半里許獅巖峭壁陡立數十仞巖之足丹井存焉壁額軒處有仙閣閣不知創始何年斸石一龕高危臨深谷里之人禱者向壁頂禮望仙像縹緲天半不可即呼亦奇矣始余按翁東晉時句容人煉丹於武林諸名勝似未入剡然邑志載太白山丹井剡亦有仙跡知是山發脈於天台桐柏第二十七洞天也其北幹扶輿磅礴登天姥歷沃洲湧南明之寶相巖海跡於南巖晴峯攢霧暮壑連雲直走百四三十里至蒼巖突起一獅狀昂首莊北地靈人傑剡南第一族所由肇也今俞氏聚而居且千戶顧自其先世卜遷於宋紹熙間已聞有此閣則翁所憑依將千百年於斯矣道光乙巳歲俞氏諸君復於閣下深谷剷側砥平建祠宇三楹中坐仙翁像使鄉之向壁頂禮者並得膜拜祠左天成石室石桌石椅石枕石牀二三十人坐臥其中雖盛暑汗不敢出偶從室西巖罅

汲其巔如出井則斷峽一二丈不能達仙閣望東南壁上巉巉有鳥道乃亘一木猿緣渡南壁手與足扶石行不數武壁忽裂數尺有石梁亦千百年前駕者時委蛇過石梁下視室人皆蛙若惴惴恐墜者久之復匍匐轉東行望石龕耳入達仙閣閣深丈餘闊可二丈扁榜柱欄輝金碧瞻禮畢俯矚新祠儼然一洞天也又前巖大獅頷下一小獅蒼松翠竹植其上風雨來躍躍欲活余後歎造物奇區人所罕到葛仙翁得久居此仙林里名果不誣爰爲之記其祠宇落成資出於俞君存齋存煌等而作謨更董庇鳩云

方公祠（同治志）在昇平鄉茶坊莊祀邑侯方秉

嵊縣志卷七終

嵊縣志卷八

祠祀志

寺

惠安寺（周志）坐剡山晉義熙三年南天竺國有高僧二人入金華師道深弟子竺法友授阿毗曇論一百二十卷甫一宿而誦通道深遂讚法友曰釋迦重興今先授記遂往剡東岇山今屬新昌復於剡山立般若臺寺唐會昌廢咸通八年重建改法華臺寺十道志曰西臺寺今法臺寺是也陳惠度所立惠度者獵士也射鹿此山鹿孕而傷既產以舌舐子身乾而毋死惠度棄弓矢出家每日受一食苦行以悔先罪日誦法華維摩經諷詠響聞四方歸戒者數百人遂開拓所住曰法華臺鹿死之處生草曰鹿胎草山曰鹿胎山天祐四年吳越武肅王改興邑寺宋大

中祥符元年改今名有應天塔灌頂壇增勝堂幽遠菴元至元寺廢明宣德中僧文彬及其徒永寧會首劉文敏重建景泰中僧巨源修應天塔建山門有棲雲宿雲房弘治二年僧廣達建翠寒亭於高坡四面溪山一覽得之騷人墨客多題詠謂之翠寒者林巒蒼翠而風露高寒也見夏志嘉靖十七年殿燬十八年僧道玞智方等重建二十五年僧惠宗造山門隆慶二年僧智佩等建觀音閣僧原昭原祥等爲石磴闌干及更衣亭萬歷二年僧惠鏡復幽遠菴在二都淨土菴渡南二里張志康熙間僧明超重建觀音閣道光志嘉慶六年劉大道大宗大成僧清圓等重建兩廡韋馱殿同治志咸豐二年劉從宜等與僧涼洪建左廂及胡公殿濬鹿池十年捐修大殿同治元年寇毀觀音閣山門兩廡衞文修復

實性寺周志在縣西二百五十步唐乾元中建號泰清院會

昌中廢後晉天福七年重建宋大中祥符元年改今額弘治三年重建嘉靖十六年知縣呂章以例查廢弛寺院會寺僧不法廢之改正殿爲啓聖祠舉人周震佃殿西空基及山構屋爲居萬歷二年捨復爲寺更建獅子菴在獅子巖爲寺下院尚書平湖陸光祖修撰山陰張元忭助成之（李志）

知府彭富記一統志嵊諸梵宇獨載實性寺以邑之官師於此習儀祝聖壽也閱郡志寺創自唐年有賜田饒甚嘉靖中邑令呂章以私恚毀寺徙萬歲龍碑伽藍神像於下院三峯莊僧亦寓棲以供額稅然寺之名卽不可沒而寺之隙地爲鄉進士周君震佃而得焉遂治爲宅益買旁近地廣之居三十年矣周君後爲衡州別駕歸忽悔恨不樂謂其子庠生夢秀曰古人行一不義雖得天下而不爲也且晉唐名賢如王內史陸宣公皆捨宅爲寺予乃佃寺爲宅負不義之名吾寧塡死溝壑弗恐居於是矣汝必復之而平湖陸司寇肎峯分與周君同年厚善聞而義之數移書贊決會冢子今大理卿五臺先生自南容寄歸俸金以供甘旨公捐金以助贖寺之廢田而歸之僧萬歷二年冬周君寢疾會其族父兄子弟而囑之曰吾願及見寺之復也吾待而寢矣於是周生立以其宅井益買旁近

地請復爲寺以狀來上予懼然嘉歎判而復之邑令朱君一栢卽召寺僧法彰等還寺如故有異議者守巡諸上官皆絀之周生旣捨宅乃徙居他舍湫陋人所不堪周生惟以克成父善爲樂已而周陸二君皆卽世大理公啓其父橐得向所遺俸金二十餘盡捐以贖寺田諸先佃田者聞大理公父子之義或受價或不受價或半價不浹辰而得田二十畝地四十五畝僧於是乎始有香燈饘粥之費事具分守叅政朱公案中予惟弘德以前士大夫無毀寺爲業者畏國憲而謹儒行也近世始有借口異端之闢以恣其利便之私周别駕君少年佃寺晚獨知非毅然改決於臨歿之頃有曾子輿易簀之義陸司寇公成人之美視蘧大夫恥獨爲君子若合爲一轍二公之行事古之人哉大理公善承父志感動羣情周生夢秀不忘父命自甘困苦是皆足以敦厲末俗而障頹流者也乃詳記之囑新嵊令譚君禮勒之石（李志）雍正十二年僧純學募建（同治志）咸豐辛酉毁於寇同治七年僧募建

圓超寺（周志）在惠安寺東南舊在縣治西北四百步剡山之巔高平處曰靈岫菴奉觀音大士晉天福末年號奉國院宋大中祥符間改今額治平間國子博士鄭某來宰剡感觀音靈異

崇寧五年承務郎鄭雄飛紀其事於石明洪武二十四年燬香火猶存永樂十一年僧會法濟重建半嶺有挾溪亭嶺側有俯山堂昔有近離城市不多里高壓樓臺無數家之句弘治元年提學副使鄭紀命徙於今所而空其址（李志）雍正八年張宗渭與釋遠山重修（道光志）道光四年張開炎登榮重修（同治志）今傾

萬壽寺（道光志）在來白門外乾隆二十九年捐建（同治志）燬同治八年僧識海募化請董重建

天興寺（道光志）在應台門外一里嘉慶間尼寶聚募建

鐵佛寺（道光志）在拱明門外明崇禎間盧吳二姓捨基捐建清康熙間燬於火鐵佛如故供以草廠名曰鐵佛廠乾隆十二年僧朋山募貲重建四十六年僧福田建大悲閣五十四年僧

慧明普利建東廂道光七年僧一敬重修按鐵佛鑄於唐貞觀間背有尉遲敬德監製字蹟〔同治志〕咸豐辛酉燬於寇住僧建屋一間以蔽風雨

會流寺〔道光志〕在拱明門外明萬歷間丁澄宇建〔同治志〕清咸豐九年本悟秉松募建大悲樓

超化寺〔周志〕去縣一里二都晉天福七年建號水陸院宋大中祥符元年改超化院舊有鑑軒明景泰間重興〔李志〕崇禎乙亥寺基爲周司空墓邑人尹立文捐基捨田移建於基左清初僧行然葺考證周熙文曰寺門外有橋曰略彴門右一山橫插曰琴山門左邱壟枕石潛伏古木參差曰子猷林門內有塔曰留雲池曰放月西北一池則名一鑑皆戴安道遺蹟備載夏志而續修者脫略至大悲閣西額聽星餐霞東額問松青來則僧鐵峯暨行然建也又云略彴舊作略酌謂是安道攜酒聽鸝處

明心寺〔夏志〕去縣三里二都唐顯德七年鄉民蘇老賓請於錢氏爲僧院宋建隆二年陳承業又捨宅增建號黃土墖院治

平三年賜今額山巔有歸鴻閣歸雲亭又有偃公泉由僧仁偃施水得名僧仲皎作閑閑庵後改倚吟閣慶元中翰林學士鄭人高文虎於寺側作藏書寮雪廬玉峯堂秀堂後卒葬其所魯國唐咨記曰邑北三里林巒幽邃如城郭其西北一隴望之蔚然高出於羣峰曰黃土嶺嶺腰有靈泉清冷甘美行者負者賴濟渴吻顯德七年鄉民蘇老賓請於錢氏爲僧院宋建隆初爲黃土塢院又民陳承業捐山以廣寺治平三年賜今額景祐中僧仁偃甃爲二泓立廊以升凡二百級人至瀟灑不知人間有暑惟佛法能轉惑見爲眞智羣迷爲正覺離執著爲圓明然後逍遙乎眞空之里超悟乎妙道之場所謂明心者因夫明心之理以告云〔李志〕清康熙九年僧自度菘月重葺〔道光志〕乾隆五十年寺僧復募修之〔同治志〕道光間寺將圮僧妙相及徒可見重修高陳兩姓同助寺有斗雨祖師壇邑令李道融記明心寺之供像有曰斗雨祖師者相傳康熙間爲寺僧都養其時久旱官設壇祈雨夢若有神告言師能作雨衆詣求之良久乃允曰天旱甚非傾盆雨不能救也指簷下斗謂注滿此器若何言畢而逝即日大雨果注滿簷下斗田禾皆蘇歲大熟衆德之塑像以祀尊爲斗雨祖師予署剡篆乙卯夏天久不雨衆以前事聞敬往祈之歸途即

聞雷聲既而大雨澤被四野祖師信有靈也祖師能佐諸神溥恩膏前之冥告不虛也於是書懸匾額金飾其身潔粢豐盛以酬神貺古人云凡有功德於民者則祀之斗雨祖師宜常俎豆於寺以爲剡城福星也咸豐五年乙卯仲夏上澣記

福山寺

（周志）去縣二十五里六都晉天福二年建名報恩寺宋大中祥符元年改福感寺明成化中重建嘉靖間殿圮萬歷三年重建（張志）順治十年僧智音重修改今額（李志）晉石氏墓像在焉

普安寺

（道光志）在縣東二十里白雲山相傳西域寶掌禪師攜貝葉經至此宋元嘉二年建唐會昌中廢後唐清泰二年重建宋景祐二年有德韶國師召對稱旨詔賜今額御置田地八百畝山六十畝後廢明正統中魏胡二姓重建後廢清康熙元年釋智琮里人捨貲重建徒德機增建方丈及東西兩側百餘間恢復寺產有寶掌泉洗缽池白雲亭諸勝（按貝多葉經二十五翻色淡黃長尺）

廣二寸中貫以綫兩面寫葉光潤可愛字爲梵書今尚存寺中（同治志）同治元年寇燬惟大殿東後遊廊祖堂尚存僧了參漸次建復天王殿側廊後齋堂咸豐辛酉賊至僧惟性攜貝葉經至天台山賊退仍攜歸寺中

資福寺（李志）在縣東二十里靈山鄉十一都唐乾元中建後圮晉天福二年重建清康熙五年住僧惠啓等新之（道光志）道光四年僧月亮重建大殿（同治志）道光十八年僧建天王殿

華藏教寺（周志）去縣四十五里十一都晉天福二年茹蘭禪師建名雲峯院宋大中祥符元年改今額明景泰中重建（道光志）清嘉慶間僧茂盛重建大殿

石屋禪寺（道光志）在縣東四明山乾隆八年僧恆傳自天台來居石巖中募建因名石屋禪林三面倚山石壁千丈靈峭幽

嶀前爲第一樓西瞰百里外山水雲物晦明出没變幻不可名狀山腰有洗心亭上林莊監生張克昌建〔同治志〕同治元年寇燬五年僧嶽中建小樓五間請紳董勸捐建復九年建大殿

上金鐘寺〔李志〕在四明山三朵峯下漢平子捨宅建施山爲祝聖香燈元廢清順治間僧元契重建康熙庚申閩僧雪崧復寺産

下金鐘寺〔李志〕在靈山鄉四明山下

顯聖寺〔道光志〕在縣東四十里金庭鄉后山莊明里人竺彬宇建清乾隆間僧瑞先重葺

尊勝寺〔嘉泰志〕在縣東四十里金庭鄉十三都舊志作尊聖寺宋元嘉二年建號厚山院唐會昌廢咸通十一年重建久之又廢晉天福六年重建宋治平三年改賜尊勝院〔李志〕乾隆間知縣李

以炎記出東門四十里許有寺曰尊聖傳宋治平丙午奉詔葺而原其始則名后山菴燬於晉永嘉戊辰毁於唐會昌乙丑而重建於咸通天福間載在舊志無檀越名也乾隆辛酉有修志之役生員姚順之請載朱子所撰修寺碑文稱此寺爲姚憲與李逸人捐資重建淳熙甲辰鳩工丙午秋落成時奉命提舉浙東將由金庭抵明州便道過訪因請爲記予讀而疑之按朱子提舉浙東常平茶鹽事在淳熙辛丑事竣進直徽猷閣代者爲余禹成歲在壬寅安得丙午復行部莅止而爲之記乎越曰竺介靖等果以篡佔控亦呈有眞西山碑文稱建寺者伊祖竺簡竺之觀我也寺內現存報本堂設位以祀又有田宅器皿交單及明天啓間毁碑印照墨痕紙色俱舊雖文非眞筆差勝姚生之舛錯無徵者余又疑憲祀鄉賢生既屬子孫何以春秋祀事並不與祭領胙及姚行宗斥非本派然後疑者以釋爰循往例聽竺之護持而慨然於風之不古也蓋自須達多長者布金八十頃成精舍三千區請佛住佛有居矣而好佛者往往崇煥其宇曰是四方聖人也非是不足以尊之於是招提蘭若錯立於通都大邑名山勝境之間要其心祗知有佛初未嘗冀子孫之食其報也乃竟有借檀越名思分潤於桑門致冒祖弗惜者其立心何如哉今而後姚固不得覬覦竺亦未許染指庶凌競之端可以少熄矣往天竺寺僧於周志散佚之後指葉仁贄捨宅建請載適徵誣妄若朱子行實載在年譜者歷歷可考設或不察而應其請則害伊胡底此知考證之當詳而轉疑人言之未可盡

信也可嘅也夫

上乘寺 嘉泰志作安福寺 李志在縣東六十里十二都梁永明二年建名安福寺唐會昌五年廢宋景□元年重建改今額

三山寺 同治志在縣東金庭鄉十三都晉溪清泉山麓姚姓建

集雲寺 同治志在縣東金庭鄉十四都小坑莊

法祥寺 周志去縣七十里孝嘉鄉十五都宋元嘉二年建名延福院唐會昌廢後唐清泰二年重建宋大中祥符元年改法朗寺又改法祥寺今爲教寺近廢寺據山山勢秀拔寺之後有峯曰獅子頂

清隱寺 周志去縣七十里忠節鄉十三都在三峯山唐大中

七年建名三峯院宋治平二年改清隱院明爲寺嘉靖中燬萬歷二年僧惠奇重建觀音殿左右三峯鼎峙中有龍池池有靈龜金線文蛇龜蛇見則雨初創寺時塑佛像壓鎮池上每風作佛座下湧水泛濫後遷龍神於寺北十里外峻山有池水處至今禱雨者趨之〔道光志〕嘉慶十六年住持僧普利徒融化重修建復禪堂一所

寶積寺〔夏志〕去縣三十里遊謝鄉十八都後唐長興四年建號興德院宋大中祥符元年改今額唐永嘉郡護法寺智希禪師善相山自四明行山至此見四圍皆積雪惟中間不積遂築菴未幾邑人錢氏爲創寺寺接車騎山晉謝元所居有車騎燕坐石今尚存寺詩僧擇璘有高山堂多名人題詠〔周志〕下有高山泉

印月寺〔夏志〕在縣北二十五里靈芝鄉不審創始年代唐龍紀元年建古法華寺在今寺東二百步廢爲民居後接待寺請其額後枕一秀峯爲嵊水口山今改爲印月寺〔張志〕嘉靖間王樾招僧程進居住萬歷二年王嘉客等合族告司府勘實重興

龍藏寺〔嘉泰志〕在縣北四十五里靈芝鄉梁天監二年建號龍宮院唐會昌廢咸通十二年重建浙東觀察使李紳少年寓此肄業有紳所作碑存寺中宋大中祥符元年改今額〔張志〕元末廢明正統十二年重建嘉靖間廢僧能明復興〔萬歷府志〕有巨井深浚水色紺寒疑有蛟龍居焉又有老松如龍數百年物也〔同治志〕咸豐辛酉寇燬同治四年附近紳士議捐資重建六年詔天下已毀菴寺不准修復八年稟請邑令將寺

空基改建芝山書塾撥寺田地山共一百四十七畝爲書塾公
資餘産歸脚菴住僧齋供邑令嚴思忠以寺觀改建書塾各屬
皆有成案洵爲善舉准如稟行轉詳立案

石鼓寺舊縣志作悟空寺（周志）去縣三十里崇仁鄉後周廣順二年
建號保安院卽古烏流寺基宋治平二年改悟空（同治志）紹
興閒錢蕬兄弟還居棲巖追念武肅王祖德重修廢寺立像後
殿每年正十兩月致祭捐田一百四十六畝因旁有石鼓改今
額

天竺寺（周志）去縣四十里二十五都晉天福七年建號西明
院宋大中祥符閒改今額明景泰三年重建相傳更有道場巖
乃西明禪院廢址近爲四十七都民張鋼世業今呈縣別與西
明院召僧住持知縣譚禮給匾（張志）作五都葉仁贊捨宅建鐘像皆有贊名寺後卽贊墓

〔李志〕〔道光志〕因之存參〔同治志〕道光二十八年知縣陳鍾彥撥寺田充公

雨錢寺〔周志〕在縣西二十五里孝節鄉二十六都相傳齊永明元年安南將軍黃僧成家天雨錢數萬億捨以造寺號錢房院梁天監中改禪房寺唐會昌中廢咸通二年重建改禪惠寺明嘉靖初廢三十年僧惠輝重建又復下院一所曰盧塘菴今二十八都黃氏世修之清康熙初僧淨地建大殿禪堂寮舍加高敞焉改今額〔李志〕崑山徐開禧記出處而存乎道者幾人哉超凡而登先覺掇巍科登顯籍以救援胥溺者儒者之事也拔俗而洞元理授衣拂踞師位以度脱羣迷者釋者之事也雖爲教不同其道一也我崑有寧遠師者以簪紱之裔一旦棄儒歸釋不數年盡洞徹奧旨爲宗門龍象余以杇邁不一見爲恨也己酉春伊弟雪公來吳得閱師五會法語欣然如面并囑余名其山因問山之巔末於其弟答曰剏於南齊以其空中雨錢故以名寺鼎革來廢荒特甚歲其丙午師駐錫焉一年伐木鳩工二年蒔松種竹三年而莊嚴成峯若城環溪如帶繞寺居其中與烟霞互發樵牧賡歌乃剡西勝地也余聞

而擊節曰其今之西林乎大抵山以人重廬之東有東林遠公主之剡之西有西林寧遠主之世隔二千餘年而二林之主同字遠豈非東林而西歸乎天假數年得進西林之杖履以徜徉老人之願畢矣

眞如寺（張志）在縣西六十里二十八都晉開運元年建號寶壽院宋大中祥符間改今額元時廢明天順間重興嘉靖間僧能達智信又新之（剡錄）云帛道猷行谿而來登山腰居之後人於山平坦處立刹四圍山林蔚茂峯巒峻拔澗溪遶寺

證道寺（周志）去縣西五十里二十八都晉開運元年建號五龍院宋治平間改今額元末燬（郡志）云晉高僧帛道猷道場山有龍潭

戒德寺（夏志）在縣西三十三里永富鄉二十九都黃家莊齊永明二年建號光德院唐會昌廢晉天福七年重建宋治平三年改今額洪武二十四年僧併惠安寺（李志）元符間宣議黃

頤拓基重建清康熙九年僧淨地重建以上田併歸雨錢寺若下院然【道光志】四十一年釋箭鋒重修乾隆三十九年釋正方洎徒覺菴重新前後正殿建東廂樓八間四十五年覺菴建西廂樓八間五十二年暨嘉慶六年徒道南復兩葺之【同治志】寺久將圮道光二十九年僧本悟徒月中重葺咸豐二年建大悲殿并兩廂

宣妙寺【夏志】在縣西四十里富順鄉三十都宋元嘉二年建號崇明寺唐會昌中廢晉天福四年重建宋治平二年改宣妙明洪武二十四年歸併下鹿苑寺【李志】嘉靖時又廢惠安寺僧惠綜鼎新之【同治志】道光間廢張從宜派孫延鹿苑寺僧洽聚住持建前後大殿同治六年洽聚徒廣潤復後殿存參

靈巖寺【張志】去縣七十里三十三都寺在萬山中有策道者

開山山有仙巖上徹雲霄有盤松石洞前有獨秀峯頂有二井龍潭一澗自潭而下環寺而前兩松合抱千餘年木也夜有猿鶴聲有茹蘭禪師伏虎歇石巖巖下有龍潭唐乾符三年於古石門寺基建靈巖其別號明隆慶中殿圮萬歷二年重建

定林寺（嘉泰志）在縣西四十五里三十四都宋元嘉二年建號松山院唐會昌中廢晉天福八年重建宋治平三年改今額有響巖龍潭（同治志）寺左爲大溪溪有浮石潭石子立溪中高丈五尺許水漲至二三丈不沒相傳爲浮石云咸豐元年寺就圮僧治聚同徒宗法重建

大仁寺（張志）在縣西四十五里三十六都晉天福七年建號資國大明院宋大中祥符元年改大明院一云晉天福四年有姚氏女捨宅爲寺號曰崇明治平二年改大明寺明僧大宗以

詩鳴有幻菴集正統十二年僧視超重建嘉靖中造鐘樓東有聖姑橋西有深坑相傳韶國師所鑿清康熙八年僧法淨大歡重建仍改資國李志考證按舊志云西有坑東有聖姑橋意姚氏女即鹿苑寺所謂姚聖姑也但鹿苑創自宋元嘉七年先晉天福七年五百餘載則又未敢附會矣道光志後圮乾隆五十三年知縣唐仁埴合三都三十五六四十三紳士捐倡重建改今額唐仁埴碑記蓋自青鴛鬪界原期普渡以無邊白馬藏經永奠有基而勿壞嵊之有大仁寺也建諸宋代捨自聖姑莊嚴則千載常昭供奉則三都共賴良田三百畝自饒濟衆之貲精舍九十楹不乏談禪之地所望聖神挂錫恢廓靡窮胡乃道俗操戈消磨殆盡遂令蓮花座上久矣塵封貝葉經傍於焉草蔓既覺鐘鼓闃寂漸看棟宇摧頹亦曰悴哉吁其悕矣比因搆訟竊用持公惟是僧擁貨財人多覬覦爰推情而度勢乃區一而爲三以八十畝爲鄉會之需俾寒士無虞資斧以一百畝爲黌庠之助庶儒生得所師承公車既藉慈航書舍還依經室餘仍歸寺亦可安禪此誠盡善之方可作久安之計者也特念花宮縹緲半屬虛無柰苑依稀幾歸烏有是宜補葺急待經營惟我宰官敢謂再來之摩詰凡玆衆庶誰非喜捨之蘭陀幸體婆心共圖公舉其有餘者固宜

解囊以助即不足者亦當量力而輸庶幾恢復舊觀仍存古制百十年相國碑下久歎蕭條千萬間工部眼前待看突兀匪曰營情禱媚邀福澤於空王亦惟有志更新紹風流於先哲云爾

嘉慶十年住持僧慧雲徒德明

重葺大悲閣天王殿及鐘鼓樓（同治志）道光丁未錢錦山等倡捐重修

邑孝廉呂爕煌碑記剡多名山水故招提蘭若棊布其間縣西四十五里大仁寺創自晉姚氏聖姑似孫錄所謂資國大明院也前面大溪後依廣野右崇山左清流形家言此地土脈深長水勢回抱寺可歷久而新理或然歟清乾隆間邑侯唐公仁埴因僧徒訐訟析其田而三之一充合邑鄉會路費一建書院於寺東而顏曰輔仁以其田備延師修脯之需一仍歸住持香火并令都人士捐修殿宇而懸以今額夫儒釋異教也侯胡爲一之以仁出處必本乎道修倫紀立勳名欲立欲達者儒者之事也超世而立於獨空萬事泯一心無我無人者釋氏之道也顧其發大慈悲談元理證因果苦口婆心度一切衆生登覺岸而出迷途與士大夫先憂後樂初無以異侯之以仁易明於此其有深意矣乎歲丁未琳宫就圮孝廉錢蓮峰師惻然憫之爰請黄子石亭張子琴軒商子祖潮共司厥事并邀宋梅村商文舲張嵩三沈堯山王菊泉張蔭軒王實軒黄藝齋陳廷彪張鳳池諸君同爲慨倡捐修鳩工庀材先搆正殿柱易以石期永固也佛裝以金圖常新也土木丕煥美厥觀也

其餘齋堂僧舍倣者補之頹者易之隘者廣之有基勿壞也是舉也雖不及須達多長者布金以成精舍而樓殿參差規模宏壯亦可以垂永久矣惜事未落成而吾師已於辛亥冬間仙逝殊爲悵悵耳乃世兄愼軒仰承父志仍與諸君子協力同心以竟吾師未竟之事是亦當世之所難而爲吾師所深慰者也今冬諸工告竣囑記於余爰掇其實而筆之於石

上鹿苑寺　夏志　在縣西五十里剡源鄉三十七都宋元嘉七年有姚聖姑者來赴下鹿苑梵宮不納遂乘雲登駕山中曳裾止處有靈犬隨之遂立寺號披雲寺唐會昌中廢弛咸通七年重建晉天福七年吳越王改披雲院至宋改今額未審何年歸併下鹿苑寺寺有堂名接山　同治志　清康熙間改建山麓

下鹿苑寺　周志　去縣五十里三十七都宋元嘉二年建號靈鷲寺唐會昌中廢咸通十四年重建宋治平元年改今額山有龍潭潭洩水下爲飛瀑對瀑水爲玉虹亭有隱天閣後廢萬歷十三年重興　同治志　康熙間僧了聞一輪重葺道光二年水

衢壞大殿西側廂僧永妙整理拓建四十餘楹徒洽聚建大悲閣

清孝廉錢錦山重建下鹿苑寺碑記嘗閱梵書謂善爲青獲勝善之山岑可登青鷲釋氏謂年爲白度靡年之日月如過白駒是則名巒古刹歷千秋而不壞者要在住持得人耳茲太白山棲眞隱道丹井藥竈古蹟尙存自鹿苑建而名山益著蓋叢林陰翳盛夏疑秋隨喜臻斯彷彿清涼國土加以巖懸瀑布映帶奇觀四遠馳聲遊人接踵初名靈鷲始基於劉宋中圮於會昌重葺於咸通至宋治平元載始改今名其間興廢無常住持不一在景定間我祖有拜嘉興軍節度使簽判諱弼行文二公念先人創造之艱憫開士食貧之苦曾捐良沃用助淨明復建隱天閣於山門構玉虹亭於山麓卽周劉信士各助田及山若干畝以爲香火之資然自宋元迄明萬歷時僧俗肇釁雀鼠互爭將寺田二百餘畝半充學宮使蓮臺著雨梵宇生塵幾來托鉢之僧誰是布金之主迨國朝康熙四十七年住僧了聞及超潤等用表清修碑墓燦列既而一輪接住兼管施恩茶亭積有餘資重葺更新度徒實相以及徒孫必達道德道脩等皆能謹遵師教無忝法門道光三年秋被山水衝壞大殿及西側廂賴道秀之徒永妙支持整理重光永妙系出天台性耽禪悅選住鹿苑見寺宇湫隘又將傾圮思拓而大之重建數十餘楹除錢周劉本壇續捐外計費不下萬金規模宏敞氣象崢嶸一時見之者皆大歡喜歎觀止焉尤矢願鑄銅鐘製大鼓建大悲閣

以了前緣忽於道光二十六年九月間未遂初心遽爾示寂病革時囑徒妙聚慈訓慈岳徒孫元增元禮輩踵成之住持慈岳等恪守清規無違師命居然寶閣重輝法筵再整晨鐘暮鼓振聵發聾勳繼禪宗事諧冥願於以知永妙之具大神通并徵僧徒之能傳衣鉢而益見寺主有眞法眼藏也後之視今亦猶今之視昔爰勒貞珉以示後之住持者　咸豐辛酉燬於火永妙徒孫元禮元愷重建

平田寺　李志　在西白山今廢

安國寺　夏志　在縣西七十五里太平鄉三十九都晉天福七年建號太平院宋治平三年改今額洪武二十四年歸併報恩寺　道光志　乾隆四十年災於火僧懷謌重建貢生劉純董其事

皇覺寺　夏志　在縣西六十里長樂鄉四十都漢乾祐三年建號仙巖院宋大中祥符元年改皇覺院今爲禪寺洪武二十四年歸併下鹿苑寺舊有葛仙翁釣臺石梯在其傍又有遥碧軒

按周志同李志作過楣建捨田四百畝存參

千佛寺 道光志 在縣西六十里長樂莊乾隆五十一年僧寂隱募建里人錢姓勷成之

普惠寺 夏志 在縣西六十里開元鄉四十二都齊永明二年建號安養法華院唐會昌中廢乾符六年重建宋治平中改名普惠今爲講寺洪武二十四年歸併報恩寺 周志 嘉靖間殿圮寶性寺僧殊謙重建按張志李志道光志皆同今採訪作紹興間廢嘉定中總幹周峻助田重興萬歷間廢天啓中周氏助資重建至清康熙間僧德基拓大之存參

泰寧寺 夏志 在縣西南四十里積善鄉四十四都宋太平興國元年建號開明院大中祥符元年改空相院今爲講寺明洪武二十四年僧併報恩寺 周志 萬歷四年僧能震重建 道光志 康熙初燬於火張史陳三姓及住持寄野重建改今額

顯淨寺〔夏志〕在縣西三十里桃源鄉齊永明三年建號清林寺唐會昌中廢後唐長興元年重建宋大中祥符元年改今額寺在四十六七兩都平嶼中有八池池水清美西廡下有白鶴井

報恩寺〔周志〕在縣西十五里清化鄉四十九都晉大康中開山後人掘地得古甎有大同六年肇法師誌號唐乾寧元年重建號報德寺晉天福開運間僧遇明新之有開運六年瞻部鎮杜司空捨茭池公據宋大中祥符元年改報恩院明洪武二十年重建爲講寺萬歷十年殿燬十四年僧成順重建舊有菊花院閑遠樓雲棲樓〔同治志〕道光間住僧覺清經庠生過庭訓等控逐邑令陳答僧澄羅等將寺田三分以四十畝爲書院膏火四十畝爲鄉會路費四十八畝歸寺僧戒潚咸豐元年脩西

側九年脩前殿同治八年重建大殿

明覺寺　夏志　在縣西南十里禮義鄉五十都梁大通元年智遠禪師建號禪林寺唐會昌中廢晉天福元年重建宋大中祥符元年改今額寺始營於長安老僧望一處有靈光現遂遷之名其地爲光明堂在今所北二里後復聞前山有鐘鼓聲又遷之卽今所前有燕尾峯右有獨秀峯左有白蓮龍潭下有白蓮池　張志　舊殿礎下有鰻井李志云相傳靈鰻大如椽腰首白色每見則必雨明萬歷二年僧智榮重建　李志　順治丁亥僧淨地募邑人袁士皋建大殿改北向馬元宰建大悲閣於殿後　道光志　道光七年僧廣運重建大悲閣　同治志　同治九脩閣元宰派孫助資

廣愛寺　嘉泰志　在德政鄉漢乾祐二年於古寶安寺基上建號德政院宋大中祥符元年七月改今額　夏志　吳赤烏二年

建明洪武時廢正統初重興

瑞峯寺　（夏志）在縣北七十里五十五都建號𠞰始未考宋存今額明仍舊

佛果寺　（嘉泰志）在縣北東土鄉乾德二年建號保福院治平三年正月改佛果院（會稽志）在縣東南七十里有東西駱駝峯九井巖鳳凰窠鐫詩竹塔院諸勝順治二年僧融一重修弟子庶瞻闡法於江陰

院

永昌道院　（李志）舊爲永昌菴在鹿胎山巔喻一仲建喻少屛又於西側建屋三楹以祀三官（道光志）今前爲雷祖殿更建後殿以祀斗姥（同治志）咸豐辛酉寇燬同治八年喻坤經理重建西側三間

法華院（夏志）在縣治東二百步唐龍紀元年建今廢

南巖廨院（夏志）在縣治東二百步唐龍紀元年建今廢

瑞象院（夏志）在縣治東二百步東隅聯桂坊唐景福元年吴越王建後廢（周志）萬歷四年西隅民黄尙國請於知縣譚禮重興徙五十四都西嶺西捨田地十餘畝大理卿平湖陸光祖給扁

積毓禪院（同治志）在一都東嶽廟前

白雲院（張志）在四明山高堂明天啓間僧楚生建清康熙戊申僧復新之

廣積院（張志）在靈山鄉康熙間夏明泉僧不偏建

湧金古院（張志）在四明山蛇蛸之東劍峯之西

慈雲禪院（張志）在十一二都金庭鄉卽漁溪古迴峯菴康熙

庚申年明相機禪師重建

金庭禪院 （張志）卽古金庭觀因觀廢改爲禪院

翠虬禪院 （張志）在縣東六十里孝嘉鄉以古松得名王氏建初名眞相祠僧仁祥與智覺重建

天屋禪院 （李志）在縣北二十都碑山莊後明萬歷十七年僧佛身建徒孫能富能仁置田百畝尋廢清康熙十九年僧無二重建司李徐一鳴襄其事又燬僧自亮葺

永寧禪院 （張志）在餘糧嶺東十九二十都康熙八年僧本頂買基創建置田二百餘畝地五十畝永爲接衆施茶費本頂新昌呂氏子

指西禪院 （李志）在桂巖清僧智遠募應嗣稷建

西明禪院 （道光志）卽道場巖萬曆丙子四十七都湖蔭莊張

綱遊至道塲巖見山明水秀可爲隱脩之所遂創建焉并置田三十餘畝

解珠禪院 〔李志〕在縣西四十都尤家邨順治十六年僧明淨實德募里人過思美建知縣焦恆馨題額

龍鳴禪院 〔同治志〕在長樂莊

資聖禪院 〔同治志〕在長樂鄉四十一都陽明廟東

永明禪院 〔李志〕在四十七都湖蔭莊明萬曆二十七年張曰明建清康熙間僧智信拓大之〔道光志〕道光二年僧清一重修

玉虚道院 〔周志〕在清化鄉四十八都元隱士張𤏬裔建孫張文禮修

觀

桃源觀　嘉泰志在縣城東北四十里周志在通越門內唐武德八年建在門外楊公橋側號太清宮後廢漢乾祐三年楊施民楊育民捨基重建於門內仍改今額萬歷府志有山門兩廡大殿層樓按剡錄云吳越時有東都帖曰桃源觀宮主靈逸大師陸契眞乞以錢本回運香油未審剡縣太清宮所彼三清大師作眞聖宮北帝院使用則是時太清宮尚存又與桃源觀別爲一區矣張志明洪武十五年置道會司於殿左成化十二年水入城頹圮弘治七年楊克明克誠等助捐重建大殿後楊蘊清允清等重脩嘉靖三十三年提學副使阮鶚檄知縣吳三畏建慈湖書院於道會司所後廢里民改作吳公祠清順治十二年知縣吳用光重建

金庭觀〔嘉泰志〕在縣東南七十五里孝嘉鄉道經云王子晉登仙是天台山北門第二十七洞天桐柏洞中三十五里見日月下見金庭壁四十里唐高宗時賜名金庭觀宣和七年改崇妙觀舊傳王右軍讀書樓爲觀初名金眞觀後改金眞宮至宋齊間褚伯玉居此山三十餘年後遊南嶽霍山復歸謂弟子曰從此去十旬當逝及期而終年八十有六〔原注〕史言齊高帝迎之辭疾勅於剡白石山立大平館居之與〔圖經〕少異眞誥云上虞吳曇者得許承一瓢贈伯玉亡授弟子朱僧標歷代寶之可受一斛唐先天間遣女道士詣金庭觀投龍因見此瓢遂持以進今觀之東廡有王右軍肖像又有墨池鵝池

菴

靈岫菴〔周志〕卽鹿山書院之左故圓超寺古菴址鹿山八士

與書院並建僧佛身仁陽住持

明度菴（道光志）在城中清河坊明崇禎間兵備道王心純爲第四女建女生而髮白守貞不字故建是菴以爲潛修之所（同治志）後傾清道光間貞女盧氏與徒章氏募建正殿廊楹

幽遠菴（李志）在惠安寺側（同治志）今廢

高湖菴（周志）在縣西宣德中建爲惠安寺下院

放生菴（李志）在西門外前有觀生閣明周司空汝登建（同治志）清姜君獻詩并敘海門周先生開鹿山書院闡發艮知奧旨山之麓即剡溪也嘗放生於溪因立石禁止網捕顏曰放生池隨建菴曰放生菴閣曰觀生閣使登臨者暢然領魚躍鳶飛之趣謂非先生及物之仁乎詩曰直上危樓破大荒括蒼天姥兩微茫三春浪湧圖南溟六月潮平曝石梁闡性鹿山山月白宏仁剡水水雲香先生明德同河洛今日登臨頌一章

三脩菴（道光志）在城東隅老義學前

棲賢菴（周志）在瑞象院右尼法信捨奉觀音大士僧佛身塑

周夢秀像於前殿署嵊教諭程克昌給扁

福壽菴（道光志）在城東隅清乾隆四十二年尼道眞建并置田二十五畝（同治志）徒源成置吳宅坂田八畝同治六年徒孫洪覺重修置菴邊菜園

惺廬菴（同治志）在東門外濠南

天華菴（同治志）在東門外濠曲前爲八佛菴

曠園菴（同治志）在東門外鐵佛寺南汪瑞宇派下建

慈芳菴（李志）在東門外康熙三十二年李光華捨基僧德端建僧置俗捐共田百畝（同治志）咸豐辛酉寇燬同治四年僧原化重建大殿

紫雲菴（李志）在北門內武安王廟後明丁永忠建（同治志）今圯

冰玉菴（同治志）在北門内清咸豐九年諸生鄭鴻鈞建正殿兩側同治二年其嫂汪氏重修置田十六畝地六畝

靜修菴（道光志）在北門外道光四年任朱氏募建趙氏助田五畝任朱氏自捨田二畝（同治志）同治二年尼本源募修

定心菴（周志）在縣北二里星子峯下東隅知縣王玉田捨基僧成恩建舊名剡坑菴邑通判周震改今名菴有僧佛身道人應祀來往其間戒行森嚴護持之大理卿嘉與陸光祖有記（李志）後僧佛身徒法瑞拓大之順治九年僧本頂重建

星峯菴（道光志）在星子峯麓乾隆乙未邑人王秀春徐祖培捐建教諭李增記見藝文志

藥師菴（李志）在一都里人王廷玉建

望台菴（李志）在南渡康熙二十九年諸生宋大猷建置田三

十餘畝〔同治志〕復置菴東石塔田十餘畝

法雨菴〔同治志〕在方山鄉一都黃塘沿

福麟菴〔同治志〕在縣南五里方山鄉一都

廣福菴〔同治志〕在縣南十里一都

香積菴〔同治志〕在縣南一都甽塍莊

鎮陽菴〔同治志〕在縣南方山鄉一都章村路

毓秀菴〔同治志〕在縣南方山鄉一都周塘沿

隱修菴〔道光志〕在仁德鄉二一都黃塘橋莊

康樂菴〔李志〕在縣東二十里過港謝公廟東首一名鳳山菴以後有飛鳳山故名又有身公塔〔同治志〕道光丙申年三四兩都重修

紫明菴〔道光志〕在在五都李家洋

普濟菴（道光志）在五都杜潭乾隆五十五年里人重修

松竹菴　柏菴　西菴（道光志）在五都

十方菴　沙地菴（道光志）在崇信鄉

千華菴（同治志）在縣東二十里崇信鄉五都大屋庠生葉廷

侯建

吉慶菴（同治志）在崇信鄉大屋

耕菴（李志）在四明山大石厂上僧知遠建李茂先記見藝文志

雲水菴（同治志）在六都浦口總管廟後妻姓捨建

大慈菴（同治志）在七都明萬歷間裘性光張茂仁同僧慧文

建喻姓助琉璃田（道光志）康熙雍正間僧眞顯祖來前後修

葺後圮道光二年僧永德重修西爲福壽居張茂仁舊建於兹

節鄉與室卜氏誦經之所後圮嘉慶間張一貫徙建於此

傳心菴　李志　在七都花鈿莊明嘉靖間楊祖慶建置田七十餘畝清乾隆十五年僧元睿重修嘉慶二十三年僧美泉重建前殿修葺後殿兩側

永慶菴　道光志　在七都棠溪吳姓置田八十畝

戹山菴　同治志　在崇信鄉七都新建烏嶅山尹氏重建一正兩廂菴前置田三十餘畝菴後置山三十餘畝

華嚴菴　同治志　在笲節鄉陶家莊丁朝顯助田三十餘畝同僧濟惠建造殿宇

種玉菴　李志　在縣東笲節鄉八九十都康熙二十二年張茂遴建

勝樹菴　李志　在陳家門坂康熙四十四年僧一聞置田二十畝零其徒遜宗成章又置田四十畝

福慶菴（道光志）在八九十都明嘉靖間楊祖慶建置田六十餘畝按（李志）祖慶卒葬菴側迄今寒食日僧與七都傳心菴僧邀其子孫爲墓祭云（李志）與傳心菴俱作一都誤

桂林菴（道光志）在八九十都花鈿

永福菴（道光志）在八九十都

種香菴（道光志）在八九十都里人魏文信建後廢嘉慶二十三年派孫重建

瑞麟菴（道光志）在八九十都乾隆間魏曰文建置田二十八畝

清源菴（道光志）在八九十都庠生魏剛妻姚氏遵夫遺命建置田三十畝

臥龍菴（道光志）在坳口臥龍山貢生王儆弦建并置田百畝

慶永菴（道光志）在八九十都康熙九年僧恆明創建嘉慶二

十二年僧月亮月果重建大殿【同治志】同治二年僧妙道重
建大殿側樓

嘉善菴【道光志】在八九十都

蓮花菴【同治志】在八九十都東郭莊竹常年連三建

法華菴【同治志】在縣東十五里筵節鄉康熙間僧大通建平
屋三間乾隆四十五年僧戒光大光建大殿東西側樓金大通
崇佳創捐田地山六畝零大銓大和世福捐山田大鉉同列碑

西趾菴【同治志】在縣東十五里筵節鄉有田地三十餘畝

清福菴【同治志】在縣東筵節鄉八九十都東郭莊里人竹興
蛟捨基子肇封捐建

靜華菴【同治志】在筵節鄉康熙乙酉魏永錫建

誠正菴【同治志】在筵節鄉湖頭莊十方募建

歸雲菴（道光志）在靈山鄉十一二都舊名半山菴嘉慶間改

今額

建福菴（道光志）在縣東十一二都順治間僧戒脩徒圓悟行

秀建乾隆間僧清源重修置有田畝

廣福菴（同治志）在縣東三十里十一都許宅康熙三十四年

丁振美建置田十七畝道光間仲仁仲義仲禮派裔同僧妙道

重建

清福菴（同治志）在縣東許宅乾隆十四年丁茂芝建置田地

山五十餘畝咸豐九年大殿將圮與二十二十一派裔同僧本

欽重建

隱溪菴（道光志）在漁溪莊三十六都趙宅王尙明建置有田

地山園二十餘畝道光五年派孫重修

大邱菴（同治志）在縣東金庭鄉漁溪明萬歷間辛十三建同治六年重建

觀音菴（同治志）在縣東漁溪明萬歷間日昇建

遐雲菴（同治志）在漁溪龍開口巖左首巖內爲龍王菴外爲聖明菴

毓瑞菴（李志）在縣東金庭鄉邑人袁祖軻建置田四十餘畝

潛菴（李志）在金庭鄉十四都濟渡之圯山里人王心一建

爐峯菴（道光志）在十四都濟渡康熙丙戌年建道光六年里人重修

毓麟菴（同治志）在十四都華堂道光二十六年戚尙義建

德隣菴　麟瑞菴　翠羅菴（同治志）在十四都華堂

博濟菴　守祠菴（同治志）在華堂

集峯菴　鎮福菴　同治志在十四都巖頭
正陽菴　迴龍菴　同治志在巖頭
萬春菴　恆福菴　同治志在十四都觀下
福慶菴　迴龍菴　同治志在十四都上塢
興福菴　同治志在十四都念石莊
朝陽菴　同治志在金庭鄉十四都陳公嶺
集福菴　同治志在十五都孝嘉鄉廟側
守山菴　同治志在十五都鷂頭山
凝瑞菴　同治志在十五都嶺下
善慶菴　同治志在十五都榧樹灣
毓秀菴　李志在孝嘉鄉諸生史景奇建
鳳翔菴　道光志明成化九年史仕頎建

鎮福菴（道光志）在孝嘉鄉十五都嶺堂丁大望建

月峯菴

回春菴（同治志）在縣東孝嘉鄉靈鵝

鎮龍菴

慶先菴（同治志）在靈鵝

迴龍菴（同治志）在十五都蔡家莊明蔡伯安捨建

永興菴

積善菴（同治志）在蔡家莊蔡正達捨建

眞福菴（同治志）在十五都韓姓捨建

龍福菴（同治志）在十五都明蔡國興建

正陽菴（道光志）在縣東忠節鄉十六都

復果菴（道光志）在縣東忠節鄉十六都

成福菴（道光志）在十六都唐塢嶺

永福菴（道光志）在十六都松溪成李儲二姓建

慧濟菴（道光志）在十六都

全鎮菴　同治志　在土塊嶺巔又十六都水口有雲峯菴乾隆間錢單周三姓重建
永福菴　同治志　在縣東忠節鄉十七都壺潭莊
水口菴　同治志　在忠節鄉唐田村口兩山對峙一水中流縈迴有致
紹台菴　同治志　在十七都蘆田又有廣福菴
積福菴　同治志　在忠節鄉棠溪
常樂菴　同治志　在十七都唐田許家岡
值福菴　同治志　在西晦溪又後岡王家莊有蓮花菴
碧雲菴　同治志　在忠節鄉石鼓里石門
壽松菴　同治志　在十七都陳大坑
青霞菴　建福菴　同治志　在十七都俞家坑

古勝菴（同治志）在縣東遊謝鄉十八都石舍莊明任守庚妻俞氏建產析五股四子得四其一爲菴業

水口菴（同治志）在遊謝鄉下王村下里許祈禱多驗同治元年寇燬里人重建

護龍菴（同治志）即它山菴在縣東五十里十八都上巔置田二十八畝內盧田坂田十畝作捨主齋田道光二十八年童仍濂重修并造文武殿暖閣

王公山菴（同治志）在縣東十八都童德華與俞姓建

法寶菴（同治志）在縣北遊謝鄉十九都明萬歷三十一年僧智和創建施主徐張二姓立有碑記崇禎癸酉僧美泉建藏經閣道光間僧海山重修咸豐七年僧蓮慶重修

豹伏菴（李志）在縣北十九都康熙二十九年僧洪濟建置田

二十餘畝
靈源菴（李志）在縣北十九二十都明成化十三年建
東屛菴（李志）在縣北遊謝鄉十九二十都康熙十年生員張治建
芝興菴（李志）在縣北十九二十都徐廷芝建
福慶菴（同治志）在縣北遊謝鄉二十都明嘉靖甲寅徐廷槐建置田五十三畝咸豐十一年寇燬同治八年重建
隆慶菴（同治志）在遊謝鄉二十都明嘉靖戊午徐廷槐子向能建置田二十畝
水陸菴（同治志）在遊謝鄉二十都白巖明嘉靖己未徐廷槐建置田九畝零
靜德菴（同治志）在二十都仙巖鎭明崇禎間王永慈建

延慶菴〔道光志〕在縣北四十里

石泉菴〔道光志〕在縣北靈芝鄉二十一都

西菴〔道光志〕在靈芝鄉二十一都康熙初祝應相建乾隆元年重建置田三十五畝零

仁壽菴〔道光志〕在靈芝鄉二十一都康熙六十一年僧照臨建乾隆十八年沈姓徙址重建

金峯菴〔道光志〕在二十一都康熙間僧元明自一建置田三十畝乾隆丁未僧立宗毓秀重建〔同治志〕黄文昇捨田二分五釐之姑存同治八年僧了行戒淨重修是菴先後僧置產八十餘畝同治九年邑令陳仲麟撥田三十七畝詳充芝山書塾

望笠菴〔同治志〕在縣北二十一都乾隆癸巳王朝五建

龍興菴〔同治志〕在靈芝鄉二十二都東騎山麓即桐亭舊址

李剛三及孫輝之建寇燬同
治八年派孫同僧本參重建
月心菴〔道光志〕在崇仁鄉二十三都溪灘莊裘三貞建
舍利菴　永思菴〔同治志〕在二十三都下安田
福緣菴〔同治志〕在二十三都箱口乾隆初僧毓秀建置田十
餘畝乾隆五十四年徒可寧重修
水澄菴〔同治志〕在二十三都官莊
清泉菴〔同治志〕在崇仁鄉二十四都秀才灣
鼎新菴　福盛菴　積善菴〔同治志〕在二十四都應桂巖
聽泉菴〔同治志〕在縣西崇仁鄉裘可由讀書處圯道光戊戌
世鎬震元正元倡捐拓建咸豐辛酉右側寇燬同治甲子體敬
體玉募建
青龍菴　廣度菴〔同治志〕在二十四都下應

集慶菴 同治志 在二十四都烏石衕

福泉菴 同治志 在孝節鄉二十五都胡振乾捨基建胡振明助田十畝零

顧復菴 道光志 在二十五都泥塘僧智淮建

指月菴 道光志 在二十五都泥塘僧隱西重建

中隱菴 李志 在縣西孝節鄉二十五都雍正二年道元就廢址重建并置田供香火

雨華菴 李志 在逵溪一名滴水巖明萬歷間僧古愚建僧聖因聖由又於巖東建大悲殿置田二百餘畝 同治志 乾隆四十四年知縣胡翹楚因僧俗訐訟詳充剡山書院膏火田五十畝零塘四分科舉路費田四十九畝零

晚翠菴 道光志 在逵溪順治間僧正信置地建

義成菴（道光志）在縣西二十五都乾隆間李則龍王晉範同建

四明菴（道光志）在二十五都汭源菴僧靜傳創建

宿鳳菴（同治志）在二十五都王家莊明天順四年王維生建

淨土菴（同治志）在孝節鄉二十五都孫胡周三姓共建并助田二十餘畝道光間還基重建

積慶菴（同治志）在二十五都宋家墩

蘧菴（同治志）在縣西二十五都王家莊順治十一年王萬雲董大道同建

福泉菴（周志）在縣西二十六都大理卿嘉興陸光祖記略嵊縣山谷間有精舍曰福泉菴先有比邱成瑞成昌性藏佛習與道侶楊隆張德保馬義壽求方凡八人以同學佛募財置建已而八人者皆逝世其徒法成復增置田產居焉里有大姓欲奪而有之因愬訟凡更三四官皆判歸法成大姓怵心未已至聞於前撫院謝公下太守彭君

覆訊服上其事於今督撫徐公命檄縣給帖立石以永將來蓋自是始定

祥雲菴 〔同治志〕在二十六都福泉山麓明馬龍山子惟璽建清道光間燬於蟻龍山裔孫重建其北爲祇園菴明馬福菴建其南爲東明菴明馬福菴與馬大慕合建其西臨溪爲龍口菴明馬龍山建又西踰仁村爲祈昌菴明馬靜山建道光間僧悟眞募貲購銅得八百觔於祥雲菴鑄鐘每晨夕叩之聲洪甚鄰剎鐘聲以次應亦禪林逸韻也

西渡菴 〔同治志〕在二十六都新官橋明馬天然建清道光間天然裔孫與天性裔孫紳士重葺

盛芝菴 六也菴 〔同治志〕在二十六都馬家坑

福壽菴 〔同治志〕在二十六都西山樓莊馬高五建

興福菴 〔道光志〕在二十六都任張氏建

九蓮菴（道光志）在縣西十里孝節鄉二十六都李家宅李文美創建置田八畝

大悲菴

護龍菴（同治志）在二十六都趙馬

報國菴（同治志）在孝節鄉二十六都福泉山西麓馬高五建雲秀助基

秀峯菴（張志）在縣西永富鄉二十八都行僧德錦建今其派最盛江南省城皆有謂之秀峯派

蓮峯菴（同治志）在永富鄉二十八都淡山莊湖塘山陳董馬尤四姓建

福瑞菴（同治志）在二十八都淡山莊陳董馬三姓建

仁壽菴（同治志）在永富鄉二十八都高塢康熙間敬思派裔建

柏貞菴　同治志　在二十八都張家乾隆四十一年張作仁妻任氏建捨基助田園

守莊菴　同治志　在二十八都高塢明嘉靖間建

長慶菴　延壽菴　同治志　在縣西三十里永富鄉

聽泉菴　水口菴　同治志　在永富鄉

茂林菴　同治志　在二十八都三畝頭莊宋時爲兩姓所建元時頹圮明嘉靖間張姓重建置田十餘畝

太平菴　同治志　在縣西三十餘里永富鄉

界感菴　同治志　在二十八都上相莊相孟義創建

養德菴　同治志　在上相莊相孟義派孫建

金峯菴　同治志　在永富鄉二十八都三懋樓莊康熙丙寅張舜典建置山田地十餘畝乾隆丙申曾孫君法重修

清節菴【同治志】在縣西四十里富順鄉三十都俞民進妻費氏側室王氏建置有田地十二畝載於碑

碧雲菴【同治志】在富順鄉三十都下王坂張華仁妻馬氏建置有田地

福慶菴【同治志】在三十都蘇挺坂乳母橋頭俞文岳建置田地三十餘畝

福聖菴【同治志】在三十都溫泉廟左首張純十建置田地五畝零

積善菴【同治志】在三十都蘆塘坂張純十建置田地十畝零

了生菴【同治志】在三十都張新屋井頭兩房建置田地十畝零

後崗菴【同治志】在三十都白柴爿張新屋井頭兩房建置田

地十餘畝

廣濟菴　同治志　在三十都箬帽墩張子恕建置田地四畝零

西鎮菴　同治志　在富順鄉三十都張井頭房建置田地二十餘畝

積善菴　同治志　在縣西四十五里三十都雅安莊張必超孫仁發建置有田地

增福菴　同治志　在縣西四十五里三十都福坑口

蓮花菴　雪均菴　善福菴　同治志　在縣西三十都金貂嶺下金大衆建各有田地

鎮東菴　同治志　在縣西四十里富順莊張邦弼捨田地九畝零樓永明捨田地四畝零以樂餘年

前崗菴　同治志　在三十都白柴岃張井頭房建置田地五畝

零

正覺菴（同治志）在富順鄉安家王德明裔孫允忠等與僧了昶同修

紫麟菴（同治志）在縣西四十五里富順鄉前村莊街東錢登甫建置田地十餘畝

太陽菴（同治志）在富順鄉前村莊街西錢成文成龍建置田地十餘畝

永福菴（同治志）在二十都富順莊黄宗明建置田地二十餘畝

紫泉菴

加會菴（同治志）在縣西三十都西青莊

靈山菴（道光志）在富順鄉三十一都黄箭嶺下康熙間黄蘭一尚學尚覺建

永福菴　西聖菴（道光志）在三十一都和尚菴董承祚承文建

永進菴（道光志）在三十一都小崑乾隆六十年馬行義建置田六十畝

興福菴（同治志）在三十三都長坑莊李忠義建

守墓菴（同治志）在三十三都淡竹莊孫邦相創建

鶴麟菴（同治志）在三十三都淡竹莊裘政相等捐建

石井菴（周志）在縣西崇安鄉三十三都金大海捨建

四顧坪菴（張志）在三十三都今名永福菴邑人張爾熾重建

昔湛禪師悟道處

慈雲菴（李志）在下院莊康熙八年僧渠成置基建（同治志）道光間圯錢章璜重建

華家塢菴〔李志〕在三十三都僧佛完建

法華菴〔道光志〕在三十四都徐家培駱漢臣等捐建置田畝以供香火

秀水菴〔道光志〕在三十四都溪西黄彌遠建置田十六畝零

鋒{A5}菴〔道光志〕在三十四都嶺下張董朋建置田十餘畝

望西菴〔道光志〕在三十四都范油車范東祖建置有田畝

崇前菴〔道光志〕在三十四都一名何家菴

報國菴〔道光志〕在三十四都下相夏必沾建

迴龍菴〔道光志〕在三十四都丁家丁氏重建置田十八畝

祖義菴〔道光志〕在三十四都下相夏勝修建置有田畝

回鎮菴〔同治志〕在縣西四十五里三十四都陸家陸永昂建置田地十畝零

護龍菴（同治志）在縣西崇安鄉三十四都樓家樓氏公建
永思菴（道光志）在羅松鄉三十五都白竹裘師建置田十餘畝
護龍菴（道光志）在三十五都白竹裘成美建置田餘十畝
白竹菴（周志）在三十五都白竹
積慶菴（道光志）在三十五都袁家袁德顯建置田十餘畝
水口菴（道光志）在三十五都星堂周岐山建置田十餘畝
廣福菴（道光志）在三十五都朱邨陳仁安建
錫福菴（同治志）在石璜乾隆間先後捐田十畝
永福菴（道光志）在三十五都沈邨沈姓建
迴龍菴（道光志）在羅松鄉三十六都陸家置田十二畝零
水口菴（道光志）在三十六都新渥張林元建

龍濟菴（道光志）在二十六都趙宅王姓建置田十餘畝
永凝菴（道光志）在二十六都渭沙吴姓建置有田畝
廻龍菴（道光志）在二十六都趙宅王姓建置有田畝
水口菴（同治志）在二十六都孔邨黄道成派建
種福菴（同治志）在二十六都大仁寺根置田十八畝
月泉菴（同治志）在縣西四十里羅松鄉二十六都下城陳姓四房建置田十四畝
化成菴（道光志）在剡源鄉二十七都錢姓建置田二十四畝（同治志）咸豐辛酉燬同治丁卯錢姓重建
樂善菴（道光志）在二十七都瓊田錢蘭一建置田十餘畝（同治志）咸豐辛酉燬同治丁卯錢姓重建
崇福菴（道光志）在二十七都山口錢姓建置田二十餘畝（同

治志咸豐辛酉燬同治丁卯錢姓重建

鼎濟菴 道光志在三十七都山口錢姓建置田四十餘畝同治志咸豐辛酉燬同治丁卯錢姓重建

永福菴 道光志在三十七都下王張恩興建雍正間張氏重修置田四十八畝零地十六畝山八畝零

鎮龍菴 道光志在三十七都下王張舜卿建嘉慶間張氏重脩置田地十餘畝

望雲菴 道光志在三十七都下王張珏建乾隆間張承恕重修置有田畝

聽松菴 同治志在縣西三十七都咸豐辛酉燬同治八年貢生錢登岑國學生錢元位重建

紫雲菴 同治志在三十七都金村康熙間張家莊張肖山建

捐山地田畝列于碑

永慶菴（同治志）在剡源鄉道光十二年僧俗許訟邑紳周卜澗等呈請知縣蔣嘉璋詳充童試費田四十四畝六分零塘一分正

終慕菴（道光志）在太平鄉嘉靖間里人邢舜衡建

水月菴（道光志）在太平鄉洪武間里人邢仕初建

廣德菴（同治志）在縣西太平鄉三十八都石硃莊里人劉和志建

寶善菴（同治志）在太平鄉三十八都横店莊

寶林菴（李志）在長樂鄉清康熙間僧瑞明建里人共襄成之

廣德菴（同治志）在長樂莊曹娥廟南

廣濟菴（同治志）在長樂莊

鎮西菴（同治志）在長樂莊晏公廟後

西竺菴（同治志）在長樂莊關王廟東

孝思菴（李志）在長樂鄉明崇禎間里人錢進吾同妻邢氏女守光建以奉先故名（同治志）菴前有井水頗清冽里人資烹茗焉

雨花菴（同治志）在長樂莊黄氏建

鎮北菴（同治志）在長樂莊

錢家嶺菴（道光志）在長樂鄉四十一都道光四年貢生錢釗建

普濟菴（李志）在四十都三懸巖頂明洪武三年邑人屠氏捨基建所（周志）並無知府白玉捐田三十六畝事後爲（張志）按增（李志）因之屠氏爲呂道素妻乾隆間錢呂二姓控訟不已知縣蕭起鳳審斷菴產聽住僧管守以爲永遠香火之費餘不得干預以杜覬覦茲仍從（周志）錄之

月池菴（道光志）在縣西南七十里呂一嵩建菴前有池似月故名

保障菴（道光志）在長樂鄉金潭崇禎間過允益建

大悲菴（道光志）在長樂鄉金潭

響屏菴（道光志）在長樂鄉厚仁莊

問渠菴（同治志）在長樂莊明錢敦禮創建道光己亥其裔孫釗重建增廓之

元通菴（同治志）在縣西南長樂鄉四十都雅安莊宋景定二年參議呂諒厝龍山子孫就山麓結廬守塋元初諒派裔拓而大之後枕山梯而上爲青霞菴

復慶菴（同治志）在縣西南長樂鄉四十都後宅莊咸豐七年呂宗楷宗望建

福成菴 〔同治志〕在長樂莊東之雪嶺道光十八年錢釗重建

寨嶺菴 〔同治志〕在縣西六十八里道光間錢釗重建

毓秀菴 〔道光志〕在開元鄉周伯鋭建

秀水菴 〔道光志〕在開元鄉

東濟菴 〔道光志〕在開元鄉

永濟菴 〔道光志〕在開元鄉周瑞卿建

萬松菴 〔同治志〕在四十二都上園山開元鄉周瑞卿建

點石菴 〔道光志〕在開元鄉嘉慶二十一年貢生錢珍建

合璧菴 〔道光志〕在縣西繼錦鄉四十三都

護勝菴 〔道光志〕在四十三都上沙地捐助置田二十餘畝

廣濟菴 〔道光志〕在四十三都上下沙地宅根捐助置田十餘畝

永福菴（道光志）在積善鄉四十四都前王乾隆間郭立瑞建置田十餘畝
鍾秀菴（道光志）在四十四都下路西張克信派下重建
永寧菴 五福菴（同治志）在積善鄉四十四都上路西張潮六派建
瑞林菴（道光志）在四十五都東張康熙間張濂文建置田十八畝
餘慶菴（道光志）在四十五都黄泥山康熙間袁雷建捨田十二畝
寶善菴（道光志）在四十五都塘頭周連二連三建
萬壽菴（道光志）在四十五都塘頭周明八思校思滿同建
望西菴（道光志）在四十五都塘頭嘉慶間僧俊燊建

永濟菴（道光志）在四十五都塘頭嘉慶間僧端理建

凝福菴（道光志）在四十五都宋家順治間宋松三派孫捐建
并捨田十餘畝

鎮東菴（道光志）在桃源鄉四十六都王箭坂袁姓建

刻石菴（道光志）在獨秀山（同治志）內裝觀音像靈應不著
道光十六年僧自願募建大悲閣

紫雲菴（同治志）在桃源鄉四十七都湖蔭莊張成一建嘉慶
十六年張式鰲重建

永盛菴（道光志）在清化鄉四十八都雅堂置田十餘畝

龍居菴（道光志）在四十八都雅堂置田十餘畝康熙間金時
壽妻胡氏建

鎮東菴　啓明菴（道光志）在四十八都後朱李仲昌建置田

三十餘畝

福田菴（道光志）在四十八都東湖塘張鼎三建

邕河菴（道光志）在四十八都西金金張兩姓建

鎮東菴（道光志）在四十八都魏家橋張武德建

會善菴（道光志）在四十八都魏家橋張家積建

鎮龍菴（道光志）在四十九都滮橋雍正四年史及隱天榮將祖簡菴基地捨建嘉慶二年史積和積治等重建

鎮龍菴（道光志）在四十八都楊橋陳操建置有田畝

龍鶩菴（道光志）在四十八都范邨鶩山麓處士張爚建

國慶菴（道光志）在四十八都范邨笠昇建

陽強坑菴（道光志）在四十八都陽強坑山范邨張笠二姓建

清化菴（道光志）在四十八都楊廟之左溪濱張以滔建舊名

長盛菴

福勝菴　李志　在四十九都白泥灣里人俞松建　同治志　道光十一年知縣言尙熙因僧俗訐訟詳請撥充童試戶田二十七畝零塘五分二釐

積福菴　同治志　在四十八都杜山章周袁三姓建

瑞雲菴　道光志　在四十九都白泥墩王善恭重建

福泉菴　同治志　在四十九都巖下山白泥墩王富仁捨

護福菴　同治志　在四十九都江田史起禎建

瑞峯菴　同治志　在清化鄉朱家堰莊

存心菴　同治志　在四十八都招龍橋支興榮建

淵峯菴　同治志　在四十八都招龍橋袁姓建

寶相菴　同治志　在縣西清化鄉四十九都史寶元建

天興菴　道光志在金盤山乾隆癸亥僧玉瀛募建置田四十畝零

廣福菴　道光志在五十都萬歷間僧法盛建能華進道續置菴產嘉慶間顯峯重建大殿

永鎮菴　道光志在五十一都嶺根獨山上乾隆間重建置田五畝零

福全菴　道光志在五十一都嶺根下康熙間建

高照菴　道光志在五十一都嶺根下康熙間陳啓高建

萬善菴　道光志在五十一都西施巖嘉慶間葉士廉派孫建捐田五畝零

隆慶菴　道光志在五十一都白巖康熙間張姓建捨田二十餘畝

福明菴 同治志 在五十一都下葉村

瑞凝菴 同治志 在五十一都麗湖莊沈字念建置田三十餘畝

心月菴 同治志 在禮義鄉葉村上嚴里菴前有石夫人碑長樂錢氏祖也宋理宗時朝散大夫曾黯撰樂安顧碩會稽羅紘皆有詩

水口菴 同治志 在五十一都大坵巖道光間陳吉求建

思德菴 同治志 在五十一都西景屏道光間建

烏鳴菴 同治志 在五十一都平頭村下道光間建

東鎮菴 同治志 在五十一都高田莊

白雲菴 同治志 在五十二都宋時建嘉慶十九年僧廣運重建

鳳凰菴　同治志　在縣南禮義鄉五十二都鳳凰窠山宋時建
置田三十七畝零乾隆三十九年宛平僧如鵬重新道光己亥
僧覺安瑞舟重建大殿同治七年僧仁化建兩廊樓屋

菩提菴　同治志　在五十二都西陳僧如鵬重新

萬壽菴　同治志　在五十二都大坑莊

福林菴　同治志　在縣南三十里禮義鄉五十二都長安莊圮
同治丙寅王夢龍裔孫重建

辯積菴　李志　在燕尾峯明嘉靖間僧三七創萬歷間僧平山
拓建之康熙初僧應徵海涵海覺重葺

福田菴　同治志　在縣南二十里昇平鄉五十三都橋裏莊乾
隆間僧大文天道建道光二十二年妙洪重修置田二十四畝

永福菴　同治志　在縣南十五里五十三都燕窠莊

永鎮菴　〔同治志〕在縣南十五里五十三都巖下莊

龍口菴　〔同治志〕在縣南十五里五十三都茶坊

塔園菴　興福菴　〔同治志〕在縣南二十里五十三都橋裏

月秀菴　〔同治志〕在縣南五十三都茶坊莊

郁蘭菴　〔同治志〕在縣南十里五十三都南田莊

望白菴　〔同治志〕在縣南五十三都南田張趙兩姓建

聖德菴　〔同治志〕在縣南五十三都下南田

雨花菴　〔同治志〕在縣南十五里五十三都上碧溪玉屏山麓

右有夫人廟

凝瑞菴　〔同治志〕在縣南五十三都高家莊

福勝菴　〔同治志〕在縣南昇平鄉五十三都半塘莊張宗進建

乾隆二十七年派孫重修捨田十二畝山塘十一畝零

鎮龍菴 道光志 在五十三都和尚山康熙間竺姓建捨田十餘畝

法雨菴 李志 在白沙地順治十七年史少泉妻馬氏建康熙丁亥釋省凡善賦詩知縣張逢歡顔其齋曰林泉託足

鎮龍菴 同治志 在縣南五十四都中央宅趙諫趙德淵建

法輪菴 同治志 在中央宅趙思敬建

迎福菴 道光志 在五十四都小䃂趙清隘建

永昌菴 李志 在五十四都里民趙昌之建

汭源菴 道光志 在昇平鄉明洪武間馬仁傑建

擷秀菴 道光志 在五十五都董景隆妻鄭氏建

碧雲菴 道光志 在五十五都康熙三十六年錢坤山建

大乘菴 同治志 在縣北六十里德政鄉五十五都唐家灣吳

公智英六大來建

西嶺菴（道光志）在五十五都康熙五十年錢坤山建

墓域義塚附

漢

會稽太守朱買臣墓（剡錄）在縣北六里墓前石羊猶存買臣吳人墓在剡可疑然暨陽有買臣書堂及祠（道光志）按嘉興（縣志）漢朱買臣墓在縣東三里東塔寺後歲久湮廢明嘉靖間知縣盧楩爲題石碑至今猶存世傳買臣墓不一隋唐嘉話東封之歲洛陽平鄉路北市東南得石銘漢丞相長史朱買臣墓又虹縣夏邑縣俱有買臣墓今嵊縣復有墓是四見矣買臣吳人則墓在嘉興者近是又（李志）云買臣西漢時守郡有破甌越功郡人多立廟祀之上虞洗硯池俗謂買臣遺跡已不免誤會至指墓爲在嵊則尤誤矣

晉

東陽太守阮裕墓（李志）在縣東九里裕以疾築室剡山徵金紫光祿大夫未就卒葬此

右軍將軍王羲之墓（李志）在金庭瀑布山又名紫藤山僧尚

杲爲作墓誌藏於家〔同治志〕清道光己酉裔孫秀清於金庭觀左建墓道石〔李志〕〔孔弈記〕右軍墓在諸暨苧蘿山孫綽作碑王獻之書碑亡已久或云在會稽雲門山智永傳云欲近祖墓便拜掃移居雲門寺則在雲門者近是然今雲門無其跡也永師爲右軍七代孫雲門或其別祖墓云

山桐公墓〔李志〕在縣東過港有高塚世傳以爲謝氏祖墓〔郡志〕稱小相公墓

處士許詢墓〔李志〕在孝嘉鄉濟渡邨蓋元度居濟渡卒葬焉

宋

處士戴仲若墓〔剡錄〕在縣北一里王僧虔〔吳郡記〕曰仲若死葬剡山有後人所立石表梅聖俞剡縣主簿詩應識道旁碑因風奠醪醴王梅溪詩千載戴公墓三字道旁碑蓋以墓石題戴顒墓三字也紹興二年宰范仲將爲作享堂於墓下堂今不存嘉泰二年四明樓鑰爲書本傳立碑於道左嘉定八年令史

安之何夢祥重建墓亭以修時祀復於亭左右繪刻中先賢像以配之（浙江通志）元至元二十一年庚辰縣丞汪庭玫戴溪亭作雪溪精舍於墓左置田八十畝奇以供祀事未幾亭廢田亦并於民矣明弘治十三年知縣徐恂重建墓亭周山墓亭記嘉定徐侯尹吾嵊幾三載政通民和百廢具舉訪求先賢遺跡得晉處士戴公之墓於城北通越門外顧瞻之餘爲之喟然太息迺與僚宷丞王公簿沈公蓮幕蔣公謀謂戴公清名高節著於當時而聞於後世不幸鐀奠無主而其墓在斯土鞠爲茂草又如此實吾長民者之責也欲爲之作亭於墓前以棲其神可乎僚宷皆曰善於是度匠作工徒之需備木石陶甓之值迺命邑民尹山吳雷以董理之作亭三間丹堊炳煥前峙大門外繚崇垣工畢於二月之望日不百日而落成焉嗚呼亭之或興或廢後先不一蓋天理有晦明人心有敬怠故耳使此亭常固不廢不有望於天理人心之常存不死者乎吾因終言之以爲後之繼尹吾嵊者告

齊

徵士褚伯玉墓（李志）在縣西白石山今名西白山（南史）齊

高帝於此山立館居伯玉伯玉常坐一樓及卒葬焉

邑令張稷墓 李志 在獨秀山白泉塢

梁

侍中張嵊墓 李志 在獨秀山稷墓旁 同治志 咸豐辛亥裔孫持中等請入防護四季詳報

尚書漢昌侯朱士明墓 舊浙江通志 在桃源鄉烏榆山

宋

祠部石麟墓 嘉泰會稽志 在昇平鄉

兵部尚書開國侯石公弼墓 嘉泰會稽志 在仙山 道光志按張志以爲不可考新昌志作剡西烏榆山蓋兩石公俱新昌人浙江通志引會稽志存其墓張志附見於注內李志不錄今從通志增之

姚參政墓 周志 在縣北靈芝鄉許汝霖曰按舊志姚太師舜明墓在諸暨長樂鄉子參

政憲祔焉姚世居剡後遷諸暨葬宜在彼此或爲祖墓生參政者故人呼爲參政墓云

靈濟侯陳賢墓（道光志）在縣西浦橋之上德祐十二年其孫築亭墓上奉時祀侯墓去家百步而近弟某附焉

平章王夢龍墓（周志）在蛾眉山五十一都寶溪其祖迥墓在五十二都鳳凰窠碑亭翁仲石獸猶存新昌長潭平章鑰之祖也

刑部侍郎史叔軻墓（夏志）在積善鄉珂里田

天水開國侯趙士寶墓（夏志）在剡坑

秘書少監求元忠墓（夏志）在禮義鄉蓮花山翁仲石獸見存

訓武郎高世實墓（夏志）在禮義鄉箭塢

和靖處士尹焞墓（李府志）在龍瑞宮前峰石帆山下乾隆四十九年山陰李觀察浚原遊山至謝墅見碑石仍在因遺書嵊

令訪其還嵊子孫於是尹璐等備價向徐姓贖出凡三十餘畝修墓樹碑以復其舊〔同治志〕咸豐辛亥裔孫請入防護

邑令宋宗年墓〔李志〕在大洋

樞密院副使王銍墓〔道光志〕在縣北四十五里花山

太僕寺丞求多見墓〔夏志〕在禮義鄉長安書院山

邑令姜仲開墓　杜春生〔越中金石記〕葬福泉山其子孫居江田村

華文閣學士高文虎墓〔李府志〕在金波山麓子似孫葬父墓旁〔夏志〕似孫子歷墓在祖學士墓右

鄉貢進士周世則墓〔夏志〕在禮義鄉鳳凰窠

武翼大夫商鎬墓〔夏志〕在剡源鄉苦竹山朝虎巖

台州通判商煥墓〔夏志〕在富順鄉無底潭山

太常簿周汝士墓　夏志　在二都星子峯下
太常寺簿周汝能墓　夏志　在遊謝鄉餘糧山
大理寺丞商之冕墓　夏志　在苦竹山
贈紹興府撫察商良臣墓　夏志　在剡源鄉黄杜嶺
通直郎張俁墓　夏志　在剡源鄉孕秀山
提舉費元亮墓　夏志　在孝節鄉山
浙東路鈐贈昭度君節度使趙不怍墓　夏志　在剡山西勝潭之原
朝散大夫王瑀墓　夏志　在孝嘉鄉巖頭山陽
進士周之綱子宣子孫溶孫墓　夏志　俱在長樂鄉皇覺山
進士周之瑞墓　夏志　在禮義鄉鳳凰窠
武翼郎趙善夰墓　夏志　在昇平鄉王良坂

邑令蔣志行墓〔李志〕在北門外一里有石碑

金華知府史必裕墓〔夏志〕在積善鄉金家山

鄂州觀察支使用之相墓〔夏志〕在仁德鄉花田

國學進士周樞墓〔夏志〕在遊謝鄉八里洋

通奉大夫周之章墓〔夏志〕在禮義鄉獨龍山

台州知府求揚祖墓〔夏志〕在禮義鄉中白山

姜參政墓〔李志〕在福勝潭宋理宗朝賜祭

贛縣知縣史仕通墓〔夏志〕在舒家灣

定城尉殉難張愆墓〔李府志〕在清化鄉靜居菴側

翰林學士商日新墓〔夏志〕在積善鄉史侍郎灣珂里田

朝奉郎張崧卿墓〔夏志〕在清化鄉大塘山

淮東制置司幹辦求師説墓〔夏志〕在禮義鄉石　山

撫州軍事判官求倬墓〔夏志〕在禮義鄉龜山

承新令費居簡墓〔夏志〕在孝節鄉界下塘上

台州司戶商惟新墓〔夏志〕在崇安鄉前坑

岳陽節度推官求得宜墓〔夏志〕在烏巖山

上舍吳大有墓〔周志〕在縣北戴仲若墓左

國子助教商若新墓〔夏志〕在黄杜嶺

兩淮安撫總幹史夢協墓〔夏志〕在積善鄉蔡山灣

紹興府撫參商又新墓〔夏志〕在剡源鄉大孕山

信州司理費九成墓〔夏志〕在崇仁鄉鉗口山

單崇道墓〔李府志〕在棲賢山

處州僉判忠臣陳聖墓〔道光志〕在竝節鄉花鈿飛鳳山

僉判衢州軍事求循墓〔夏志〕在禮義鄉石溪大坑之原

刑部架閣趙炎墓（李志）在昇平鄉道士墺

廬州路治中商夢龍墓（夏志）在開元鄉珂山灣

單庚金墓（李府志）在葛竹飛鳳山

元

莘疇居士張爚墓（李府志）在清化鄉錦被

隆興路提舉夏推墓（夏志）在剡山東麓

將仕郎浙江儒學提舉周承祖墓（夏志）在昇平鄉剡坑西山

鄮山書院長進士費述墓（夏志）在孝節鄉鷂雉山

國史編修許汝霖墓（道光志）在縣東忠節鄉十六都騎龍山

明

漢陽知縣單復亨墓（李府志）在大墓山

邑令高孜墓（李志）在星子峯下

孝子王瓊節婦石氏墓　李府志　在十四都蟠龍山

孝子喻祿孫墓　李府志　在縣北張墅山

四川都司斷事史道志墓　夏志　在茅岸薛家園

信武將軍河南路統軍使魏謙甫墓　道光志　在八九十都筮節鄉龜山

贈南京工部主事王胥道墓　夏志　在忠節鄉姚塢

福建興化縣知縣張琮墓　夏志　在崇仁鄉本鄉山

贈武德將軍正千戶謝德仁墓　夏志　在清化鄉湯家溪之原

錦衣衛正千戶謝時通墓　夏志　在清化鄉高古之原

永平縣知縣韓俊墓　夏志　在孝嘉鄉本鄉山

贈審理正張堅墓　夏志　在筮節鄉普安寺側

江西廣信府永豐縣知縣王玉田墓　夏志　在靈芝鄉黃沙山

德府紀善長史韓啓墓 夏志 在孝嘉鄉官地山

南京工部主事王以剛墓 夏志 在忠節鄉茶灣

南京豹韜衛經歷夏時墓 夏志 在剡山東麓祖提舉墓側

贈南京禮部儀制司郎中王鈍墓 夏志 在孝嘉鄉天馬山

贈刑部廣西司主事丁孟新墓 夏志 在崇仁鄉烏石隴

河南布政司參議謝廉墓 夏志 在高古千戶墓側

兩淮都轉運鹽使司同知張世軒墓 夏志 在清化鄉山

贛州通判張政墓 夏志 在縣北遊謝鄉大灣山

寧國府推官王樞墓 夏志 在忠節鄉山神衕

江西南康府知府王瑄墓 夏志 在孝嘉鄉馬墓

都事周泰墓 夏志 在孝節鄉竿山

陝西金州知州史晞墓 夏志 在清化鄉浦橋山

通政使任和墓（道光志）在二十二都靈芝鄉王唐灣

王監司墓（李志）在香爐峯

戶部侍郎周汝登墓（李府志）在城北超化寺右崇禎間賜葬

工部侍郎周光復墓（李府志）在城南五里鋪

兵部尚書喻安性墓（李志）在縣東石屏山

保定通判殉難王禹佐墓（李府志）在峨嶠山南崇禎間賜祭葬子國宣祔

清

邑令梁學嗣墓（乾隆志）學嗣艮鄉人舉人康熙三十六年任卒於官柩不能歸遂葬星子峯後令於寒食日特設牲醴委典史行禮歲以爲常云

連枝墓（李志）在鳳凰山（考證）裘德璋妻章氏仲弟德璇妻費氏季弟德瑜妻沈氏二十九都人娣

姒相親賢於鍾郝璋爲仇扳配雲南曲靖衞不回璇攜瑜子釋安往探俱病死金陵之瓦屑壩章費以節終合葬鳳凰山後沈卒亦願歸姆氏夫瑜從其志三氏遂同墓墓上一木連生三枝人奇之稱曰連枝墓

邑典史王三重及妻雷氏墓　〔同治志〕在城隍山

義塚

東門義塚　〔李志〕在東門外新河之左往年以造塔餘資建牆垣未備不免芻牧崇禎間因洪水冲塌知縣劉永祚嗣置立碑曰漏澤園又北門一處西門一處西嶺頭一處康熙初巡撫范檄縣建廣孝阡於北門外〔考證〕〔嘉泰志〕宋熙寧三年有詔收葬枯骨凡寺觀旅櫬二十年無親屬及死人之不知姓名乞丐或遺骸暴露者令州縣命僧主之擇高原不毛之土收葬名漏澤園周以牆柵庇以土地所宜易生之木人給地八尺方磚二刻元寄之所知日月鄉里姓名者併刻之露骨者官給轊葬曰給冥鏹及祭奠酒食墓上立峯有子孫親屬而願葬園中者許之給地九尺已葬而願遷他所者亦聽郡縣官違戾弛慢皆置之法有司奉行頗過至有分爲三園

良賤有別又葬日及歲時設齋醮置吏卒護視守園僧以所葬多爲最得度牒及紫衣遂有析骸以應數者久之始詔裁損自軍興多故遂益弛中興後郡縣或自以意廣朝廷惠澤至今爲利顧炎武日知錄漏澤之設起於蔡京不可以其人而廢其法

西門義塚 李府志 嵊縣詳册塚地三畝八分零坐落西門外五里係乾隆十八年僧與元捐置

北門義塚 李府志 乾隆十九年知縣戴椿撥菩提菴田十九畝零作義塚經費 同治志 道光間王待璣張萬年等捐建同善局邑令李式圃將菴田撥令局董經理 李式圃同善局碑記略去北郭三里許厲壇之左有同善局者邑人士醵資公建以爲施捨衾棺收瘞遺骸旅櫬之所也余嘗出俸入之餘俾置衾棺以與爲施捨而小惠未徧撫躬自愧故又竭余願力再爲捐廉於東郊之外置義塚一區俾同善局董事經管收瘞無主之棺骸然局無恆產經久猶懼未能也檢查案牘有新建義塚戸田一十九畝有奇本菩提寺產乃前宰戴君詳憲定案飭於歲入之貲租充爲循理義塚祀孤瘞骼之資者前固經立董事經管緣詳定官租除錢糧經費外歲取十一千有奇而民間時值尚可加增佃戸爭此

有餘之息造爲謗詞以誣董事致董事引退而請官爲經理於是假手吏胥而爭租冒稅之訟起矣夫以收恤死者之餘資而速生者之訟何如儘其餘資還以收恤死者而免生者於訟乎乃請以是田撥入同善局由局中董事查照時值租價召佃收租以循理新舊義塚收瘞遺骸旅櫬民無所貪既可以息爭冒之訟而歲租多入又可以廣收恤之仁不一舉而兩得哉

西陳坂與十九都藤定墺二處田共壹拾玖號計田拾玖畝四分二釐二毫　大坑坂一百四十四號地八分二釐一百四十五號地三畝正　路田下坂四十五號地二畝正　東前街店屋一所每年賃錢八千文作北門義塚經費

西橋義塚（道光志）嘉慶二十四年齊邦泰吳紹祖丁同清等捐置田地二十畝零并設公濟局以理其事

西關外義塚（道光志）西二圖路田下坂第四十八號地一畝正在太祖廟前西隅周伯華置

西嶺上首義塚（道光志）西三圖路田下坂第四十五號地二

畝正知縣周鎬置

康樂鄉義塚〔同治志〕在四都丁王氏同男敬書捨茅洋西坂地一畝六分八釐三毫地首尾立碑

崇信鄉義塚〔同治志〕在七都吳金暉捨官莊下坂第十六號山一畝五分正土名石辣礶頭

筮節鄉義塚〔道光志〕在八九十都監生魏雨霑等捐置青塢半坂第二號山一畝零

孝嘉鄉義塚〔道光志〕在十四都王應昌置奶塢西坂四十一號山拆一畝八分正　王澍策置妻子坂二十九號山二畝八分土名牛皮彤

崇仁鄉義塚〔道光志〕在二十九都貢生裘克配置橋頭上坂四十九號山一畝正　廩生裘松置長善坂一百四號山一畝

正土名上白嶺　裘順貴置白塔上坂一百五十二號地拆五
釐又一百五十八號地一畝正　同治志　裘震元置高塢下
坂九十號地一畝二分土名相家園脚　裘瀛成溶成等倡議
重建憑依祠棲無主魂

永富鄉義塚　道光志　裘慶富置蕪地岡坂土名龍唫山　張
澄源置楓木上坂一二三四號山拆一畝四分五釐坐瓦窰山
之麓

羅松鄉義塚　同治志　白竹莊周思貞妻裘氏捨白雁坂第六
號山八分二釐十九號山拆六分八釐　周澗東助式憑祠錢
百餘十貫其妻裘捐春秋祀田十畝

崇安鄉義塚　同治志　樓家貢生樓文起置伸家坂二十六號
地二畝四分一釐二毫三十二號山地一畝三分五釐土名黄

泥地岡

剡源鄉義塚〔道光志〕在三十七都下王監生張繼纁置白雁路下坂山一畝零〔同治志〕山口錢登邦建寄主祠以妥孤魂

太平鄉義塚〔道光志〕石砩監生郭君實置三十八都屠樂坂第一號山一畝五分又三百九十號地一分

長樂鄉義塚〔道光志〕貢生錢豪置四十一都瓦窰坂第八號山併四畝五分正〔同治志〕錢昌程置陳莊坂一百七十號地拆二分正一百七號地拆一畝正又餘地

開元鄉義塚〔同治志〕貢生周逢愷置四十二都后沈坂第六號山三畝正

桃源鄉義塚〔同治志〕甘霖鎮武生沈國定置四十六都南山坂八十號山二畝土名梅溪灣

清化鄉義塚（道光志）葉家甽朱廷侯置四十九都下境坂第十號山拆二畝正（同治志）禮義鄉蒼巖立普濟祠集會祀孤山陰阮茂千妻俞氏創捐田十餘畝

德政鄉義塚（道光志）諸生鄭自強置五十五都羽字第九號山一畝正土名江井塘（同治志）諸生鄭雲蛟置師字一百三十三號地四畝正土名秀才灣

嵊縣志卷八終

嵊縣志卷九

職官志職官　名宦　留績

縣剡始西漢而令長闕如惟薛棠以郎中拜剡令有善政冀平四年遷沇州刺史見酈道元水經注自東京訖唐垂八百年令姓名具者三十人紀名互異者四人姓存名佚者二人豈文獻不足故歟剡錄紀令長自吳始曰卜靜曰賀齊有唐一代僅載張子胄爲剡令餘無聞焉宋元以來諸志繼作於是令長以下丞尉佐史之屬題名略備矣茲仿漢書公卿百官例編年爲表而名宦留績別著爲傳蓋有褒無貶爲方志之通例固不敢仿康對山之志武功美惡並書與史官爭褒貶之權也至丞簿倅貳雖微官有宋大儒恆小試之雖周程亦屈爲簿倅烏得以末秩而遺諸作職官志

縣令漢書縣令長掌治其縣萬戶以上爲令減萬戶爲長晉時縣大者置令小者置長唐宋縣令有赤畿望緊上中下之差元設縣尹又設達魯花赤掌縣印前明及清設知縣

漢

薛　棠有傳

三國吳

卜　靜字元風吳郡人

賀　齊有傳

晉

周　翼陳郡人有傳

謝　奕安之兄有傳

謝　衷

山　遵

李　充字宏度鄂人見晉書有傳　舊府志作李克張志李志同又重出李宏度

戴　巡

殷曠之陳郡人仲堪子有傳

路萬齡

王鎮之太和中剡令入宋歷上虞山陰令有傳

王敬之　王騰之

許　副　郭　鴻

宋

周　顒元徽初任遷山陰有傳　漆　斯

裘襲連　陸　終

齊

張　稷永明中任有傳　周　廸

宗善才

梁

劉　昭有傳　王懷之

賈叔熊　羊　羹郡志作美

陳

徐　陵東海郯人剡錄　　徐孝克郯人天嘉中任張志作克孝誤有傳

烏　璵　　成　式

唐

張子胄　　王　球

崔□名佚江西觀察使貞觀十八年以殿中謫治剡　　崔　諷高陽人由衢州須江令移剡

薛□名佚

郭謙之　　洪　虬

陳　永府志作永秩　　俞　珣唐末任後避黃巢亂隱沃洲

狄知遜

宋

周在田　　晁□名佚

陳求古　　譚　雍

魏　炎府志炎作琰

章　珣

沈　振錢塘人慶歷初任

過　昱皇祐三年任有傳

聶長卿熙寧三年任

江　相

劉　繪

宋順國祁之子

侯　臨

賈公述元豐六年任是年新官制行

錢長卿

吳　賁

林　概善詩

蓋　參

丁寶臣晉陵人開寶七年任有傳

高安世嘉祐中以給事郎太子中舍來知嵊

胡　格

鄭宗回

晏明遠

施　佐一名仲素

蘇　駉

宋廣國祁之子元祐初任前令餘姚

王知元

史　祁劉錄作祈

劉　旦

張　謣

呂必強

俞應之

符　綬

程　容

張慶遠

鄒秉鈞

孫汝秩夏志作張汝秩誤

宋　旅宣和中任有傳

孫　潮

張誠發宣和中任

莫伯軫

楊　植

應　彬號文質寧海人建炎初任有惠政

宋宗年祁之孫有傳李府志作郊之孫

范仲將蜀都人紹興初任有傳

姜仲開紹興四年任有傳

錢　塽

趙不退

毛　鐸三衢人紹興十二年任周志李志作三衢人曾修學校

郭康年

蔡純誠

韓晦　李耆年
趙渙之周志李志作煥之　郭契夫
趙伯懋剡錄作伯楙　任望之
蘇詡　吳嶹
陳嘉謀剡錄府志並作嘉謨　李耆碩
張商卿　韓元修
鄭逸民　季光弼夏志作李光弼
成欽亮　張注
李拓　陳謀剡錄府志作陳謨
劉棨　楊簡乾道中有傳
詹乂民舊府志作詹實有傳　葉籈慶元中任壘隄捍城
周悅　滕璘

胡大年

蔣　峴　奉化人慶元末任李志作蔣現

史安之　嘉泰初任聘高似孫作剡錄有傳

趙彥傳　嘉定十三年任

范　鎔

趙師籛　太祖八世孫張志作七世孫

劉　欽

莊同孫

水邱袞　錢塘人淳祐中任由進士出身豈弟詳明溫恭律己修拓學校輒著政聲

袁　徽

王文子

謝渠伯

趙汝遇　太祖十世孫李府志作趙汝愚

蔣志行　嘉定初任

魏　岠

陳厚之

王　埜

趙崇伯　太祖七世孫舊府志作宗伯

王　濩　張志作王護

李　億　舊府志作裘億李府志作袁億

張　槃

陳自牧

何夢祥　寶祐中任修戴顒墓

俞垓
張必萬
汪懿
周茂育
劉同祖
陳著咸淳四年任有傳
李興宗婺州人咸淳八年任

元

亦都馬丁至元間任
乞思鑒張志作監
沙的
火你赤元貞元年任
麻合謀大德二年任
馬合麻別大德七年任
高閭至大二年任有傳
拜降皇慶元年任
朵魯不斛延祐二年任
伯都魯迷失延祐五年任
別都魯丁至治元年任
教化的泰定元年任有傳
阿里海牙泰定四年任
伯顏不花至順元年任

馬合麻回回人元統元年任修儒學
也的迷實海牙至正七年任
篤魯迷實海牙至正九年任
丁從正字彥端至正十三年任張志縣尹複出
王　桂李府志作王珪
王　喜至元二十八年任
李　璠天都人至元三十一年任
宋也先大德三年任有傳
韓持厚皇慶元年任
王　瑞延祐七年任
王　檜天歷元年任
張元輔後至元元年任能詩

也速達兒字季常蒙古人至正四年任廉慎有聲
安　普唐兀人進士至正十一年任歷秘書郎
大都沙至正十四年任以上達魯花赤
黨天祐臨海人至元二十四年任
鄔濟民寧海人至元三十年任
佘　洪元貞二年任有傳
萬　愿附高閭傳
張忙古歹延祐二年任
司　□名佚泰定元年任
趙思誠至順元年任
呂惟良至元四年任

仇　治至元初任有傳

冷　瓚字顏仲膠西人進士至正五年任修學舍諸祠廨

趙　琬河南人有傳

陳克明至正二十三年任

明

高　孜洪武七年任有傳

龍　淵洪武三十二年任有傳

湯　禎蕪湖人永樂十五年任

胡　深直隸人勤於政事以憂去

徐　雍常州人正統元年任有傳

徐士淵定遠人正統四年任有傳

完　顏至正四年任李府志作完顏佚

金與勤

文彭仲字一飛至正八年任

崔　彬字文質至正十六年任

邢　雄邑人至正末攝縣令府志李志作邢容

江　瀾廣信人洪武二十年任修學校壇廟

譚思敬永樂十年任有傳

劉應祖江西人宣德中任悌愷愛民

嚴　格江西人公平坦易士民愛戴

嚴　獻毗陵人正統三年任有才能政尚嚴

單　宇臨川人正統五年任有傳

孟　文山西人正統八年任有傳

王　琦江寧人景泰五年任修西門圩岸五載以廨宇毀謝事去

敖　瑜新喻人天順二年任

許岳英成化八年任修邑志有傳

李　春成化二年任有傳

劉　清字一之德化人成化十六年任決訟如流振興文教未幾以憂去

張　鵠銅梁人成化十三年任置學宮祭器以憂去乾隆李志李府志王琦下有張鵠銅梁人天順中任當是一人周志無

周　曆字克體武進人成化十八年任李府志作武直人周志吏民畏懼

夏　完字秉圭華亭人成化二十一年任修學校府志作夏光周志以柔道治民民亦愛之

臧　鳳曲阜人弘治五年任有傳

徐　恂嘉定人弘治十一年任有傳張志作泰定人修邑志

李　吉四川人弘治十八年任

張　暄一作萱正德五年任有傳

李　昆正德三年任

鄭　昪正德十一年任清而有才李府志作十四

林誠通正德六年任有傳李府志作十年任

姚惟實江陰人正德十五年任

年任

譚　崧德化人嘉靖七年任有傳李府志作二年任崧作松

楊　旻射洪人嘉靖十八年任

鍾天瑞番禺人嘉靖二十六年任非罪繫獄憂憤卒

溫　易鬱林人嘉靖三十年任博學慈愛三月以憂去

陳宗慶金溪人嘉靖三十八年任有傳

張　持番禺人嘉靖四十三年任質朴慈惠於民不擾李府志作萬歷十三年任

朱一柏寧國人隆慶五年任有傳

謝　秩分宜人嘉靖五年任

呂　章歙縣人嘉靖十一年任居官勤敏綽有才能

譚　潛太平人嘉靖二十三年任

姜　周太倉人嘉靖二十八年任潔己愛民八月以憂去民立碑思之

吳三畏莆田人嘉靖三十一年任有傳

朱　資莆田人嘉靖三十七年任

林　森嘉靖四十一年任有傳

薛　周岳州人隆慶元年任有傳張志李志作壽州人

譚　禮新淦人萬歷四年任約己節用省刑薄罰

姜克昌丹塗人萬歷八年任

萬民紀南城人萬歷十二年任議修邑志

林岳偉晉江人萬歷十七年任民建祠祀之

鄺廷緒湖廣人萬歷二十七年任

文典章攸縣人萬歷三十二年任修學宫建文星閣謝慕亭

王志遠志達弟

王應期六安州人萬歷四十七年任有傳

張達中分宜人天啓四年任

劉永祚武進人崇禎七年任徵輸有法課士得人講學鹿山

蔣時秀零陵人崇禎十六年任

門無媿遺議修志未就

王大康冀州人萬歷十六年任

王學夔福建人萬歷二十二年任

吳濟之恩平人萬歷二十八年任

施三捷福清人萬歷三十五年任有傳

王志達龍溪人萬歷四十年任有傳

張時暘當塗人萬歷四十五年任

黄廷鵠清浦人天啓元年任詳申改折秋米

方叔壯南漳人崇禎元年任

丁儒端江南人崇禎十一年任李府志作十五年

鄧藩錫金壇人崇禎十三年任歷陞袁州府知府死難

陳昌期貴州人入清順治初仍任

清

尉應捷朔州人順治三年任

吳用光高陵人順治八年任

史欽命直隸清河人順治十六年任

劉廸穀安邑人康熙三年任

溫毓泰邯鄲人康熙二十年任

蔣　煒遼東人康熙二十三年任

張　宏字省涵昌黎人康熙壬子拔貢二十八年攝縣篆精廉勤慎明年卒於官有傳

王勳蔭大名人康熙三十四年任有傳府志作大興人

羅大猷南昌人順治四年任李府志作高昌人

郭　忱華州人順治十年任有傳

焦恆馨雞澤人順治十六年任

張逢歡閬中人康熙五年任修邑志有傳

陳繼平遼東人康熙二十年任李府志作繼年

胡　瓚惠來人舉人康熙二十八年任

陶大宗大興人康熙二十九年任

王朝佐遼東人康熙三十年任有傳

楊學嗣良鄉人舉人康熙三十六年任

徐　匡嘉定人舉人康熙四十三年任有傳

趙　珏滿城人康熙四十七年任

宋　斆長洲人貢生康熙五十八年任有傳

李之果任邱人雍正六年任重建常平倉

王以曜太行人舉人雍正八年任有傳

楊玉生三原人雍正十三年署任有傳

黃　珏乾隆四年署任

林　斌閩縣人舉人乾隆十一年任

蕭起鳳永定人副榜乾隆十三年任

石　山乾隆十六年任

竇　忻平定州人拔貢乾隆二十一年任

黃　紹江西人舉人乾隆二十五年任

劉秉鈞南豐人進士乾隆二十九年任

任儀京大興人康熙四十八年任五十六年賑粥

張　泌上谷人舉人雍正二年任有傳

黃道中即墨人歲貢雍正七年任建永濟倉

傅　珏奉天人拔貢雍正九年任有傳

張彥珩銅山人雍正十三年任

李以炎博白人舉人乾隆四年任修邑志有傳

施繩武崇明人乾隆十一年署任

李應辰山東人進士乾隆十五年任

戴　椿披縣人乾隆十七年任除暴安民父老至今稱之

劉　翬漢軍丹徒籍乾隆二十九年任

莊有儀鶴山人貢生乾隆三十二年任有傳

吳士映上海人舉人乾隆三十四年任
袁秉直華亭人乾隆四十五年署任
陳純士桂平人舉人乾隆四十八年任
儲夏書宜興人乾隆五十二年署任
郭文誌閩縣人舉人乾隆五十四年任
周　鎬金匱人舉人乾隆六十年署任有傳
王蘊藻靈璧人嘉慶四年署任
張方直四川人舉人嘉慶六年署任善書法工詩
陸玉書六合人舉人嘉慶七年署任
劉炳然懷寧人舉人嘉慶十一年署任
田捷元四川人舉人嘉慶十四年任議修邑志未竣

胡翹楚肥城人進士乾隆四十三年任
李光時濟寧州人進士乾隆四十六年任強毅有爲
唐仁埴江都人進士乾隆五十三年任有傳
周　丕長州人乾隆五十六年任
鄧天麟廣東人嘉慶三年任
胡　培丹徒人副榜嘉慶五年署任
沈　謙江蘇人進士嘉慶七年任出差十一年又任
黃　靖宜興人嘉慶十三年署任
蕭馥馨定番州人舉人嘉慶十七年署任
盧擇元南康人拔貢嘉慶十九年署任

方　秉桐城人嘉慶十九年任二十年於新嵊交界五都鄉上里許築湖塍新砩灌田一千六百餘畝民感其德爲建生祠

王德寬湖南武陵人進士由翰林改知縣道光二年任

李景韓晉江人舉人道光五年署任

言尙熙常熟人道光十一年任有傳

梁　鉞道光十二年署任

何瑞榴廣東香山人進士道光十五年任

姚懷祥字履堂舉人道光十九年署任居官勤慎善書工琴調任甬江後死英夷之難

顧貽綬金匱人道光二十三年七月署任

吳　墉吳縣人嘉慶二十三年署任

葉桐封福建人進士嘉慶二十四年任

翟　凝歷城人舉人道光二年署任

吳錫疇崇安人道光三年署任

宮樹德山東人舉人道光三年任

李式圃合肥人進士道光六年任纂修邑志

湯金策河南人道光十二年任

蔣嘉璋無錫人道光十三年署任

張惟孝閩縣人舉人道光十八年署任

楊　召六安州人舉人道光二十年任有傳

蔣式之道光二十年十月代理

福　興

陳鍾彥

高毓岱 元和人舉人道光二十六年任

敖彤臣 四川滎昌人進士咸豐元年八月任有傳

李維著 雲南昆明人進士咸豐四年任

江榮光 大興人咸豐八年署任

劉　濬 宜興人咸豐九年署任

臧均之 咸豐十一年署任

周祖升 江蘇人同治元年十月任

蔡以勳 蘇州人同治二年九月署任

莊鳳威 同治四年任

嚴思忠 丹徒人舉人同治七年十二月署任纂修邑志九年二月卒於署有傳

吳榮楷 湘鄉人進士道光二十五年任

蔣兆洛

李道融 河南夏邑人進士咸豐二年任有傳

阮恩元 湖北黃縣人舉人咸豐七年任

李曾祜 常州人咸豐八年任

史致馴 江蘇人咸豐十年署任

史致遜 江蘇人咸豐十一年任

鄒梓生 同治二年七月署任

潘玉璿 廣東順德人舉人同治三年十二月任

全　有 滿洲人同治五年七月任

仲朝楨 吳江人同治九年三月代理

陳仲麟 四川遂寧人舉人同治九年三月任纂成

孫明翰光緒元年任

陳友詩光緒元年任

路履祥光緒五年任

潘　彬光緒六年任尋他調十一年復任

徐　榦光緒十年任

竇光儀光緒十五年任

查蔭元光緒十七年任

楊鍾俊光緒十八年任

丁艮翰光緒十九年任尋調省三十年復任有傳

趙登貽光緒二十二年代理

陳宗器光緒二十三年任

陳常鏵光緒二十五年任尋他調三十四年復任

邑志

陳國香光緒三年任

李宗鄴光緒六年任

方觀瀾光緒九年任

王澤民光緒十三年任

汪肇敏光緒十六年任

貝蘊章光緒十八年代理

濮文曦光緒十九年兼代

石治棠光緒二十二年任

鍾守鑠光緒二十二年任

畢　奎光緒二十五年任

侯康田光緒二十六年任

徐元綬光緒二十七年任　劉鼎亨光緒二十九年任
申文銘光緒三十一年代理　趙　寬光緒三十一年任
秦家穆光緒三十二年代理　馮金恩光緒三十三年任
施榮復宣統元年任　朱廷幹宣統二年代理
湯贊清宣統三年任
縣丞漢縣令皆有丞後魏惟大邑有之宋熙寧後邑無論大小概置丞明制縣不及二十里者裁減嵊舊有丞康熙三十九年奉裁

隋

格處仁汴洲浚儀人仕隋爲剡丞案李志作格德仁今據新唐書岑長倩傳改

唐

杜　佑有傳

宋

季祐之　林通

苗元裔　沈昇

毛亶　常偉

趙士叟　許轂

曾緦（夏志作緦魯緦）　劉佺

呂横　王中孚

時璹　韓愿胄

章騆　周玭

吳枬（夏志作吳相府志作吳補俱誤）　高子津（舊府志作子洼）

陳戊（剡錄作戌）　梁立

吳道夫　陳彭壽

項　鷚剡錄作鄂
蘇　彬
楊　浚
俞　杭
沈俊心
楊　遵
應泰之
劉厚南
高不倨
董夢程
黃　履
葉　發

唐仲儀
陳昌平剡錄李府志俱作昌年
樓　潚四明人參政鑰之子嘉泰元年任張志作樓淵李府志作四川人誤
解汝爲
張子榮
趙崇謏太宗九世孫剡錄作宗謏
王彝倫
章世昌
姜　琛李府志作姜埰
呂元珪李府志作圭
汪　輝

吳如囦　　程梓

木德藻　　方士說

元

李德恭　　何公茂

張顯　　汪庭至元中任改建戴溪亭爲雪溪精舍置田八十畝供二戴祀

劉宗益

張宏毅　　王郁

劉信　　劉澄

張吉　　魯□佚名

乞石列荅蘭

劉元輔　　韋安

徐瑞至治中任強敏有爲吏民畏之　　馬合麻沙

苗暢　　郭性存進士諸暨人和易近民克修其職

伯顏不花 蒙古人

俺都剌哈蠻

王光祖 即墨人至正中任有能聲

王顯祖

闕 口名佚 桑哥失理

明

鄭　高 江西人永樂十一年任李府志缺

郭　樸

郭　斌 北直人天順中任優厚有爲李府志缺

齊　倫 博興人成化十三年任興學恤民

帥　玠 建昌人弘治元年任有能聲

何　裕 蘇州人弘治八年任

于　愷 臨海人元統中任通暢敢爲

郭世英

李伯顏不花

方埜遲 李府志祇載汪庭徐瑞郭性存于愷王光祖五人

方顯觀 正統中任

張　祥 隴西人天順中任

方　玘 潭水人成化五年任端慎

程　賢 四川人成化十八年任

陳　璧 六合人弘治五年任

王　謨 德平人弘治十二年任勤慎剛直

霍　鏵正德五年任

王伯當正德十一年任有傳

黃知常西安人嘉靖元年任

鄒頤民濟南人嘉靖八年任

藍　佐嘉靖十三年任

張東陽慶符人嘉靖十八年任李府志作東揚

張　綸上海人嘉靖二十六年任

林文芳龍溪人嘉靖二十八年任

陳文標福清人嘉靖三十八年任

甘　蕃豐城人嘉靖四十四年任有才能

童　夐甌寧人隆慶四年任有傳

林濟卿福建人萬歷四年任

許　鏌正德六年任

何　鳳正德十五年任

許　錦嘉靖五年任

馬　鋏上海人嘉靖十一年任

潘　佾宣化人嘉靖十六年任

陳德明梧州人嘉靖二十三年任張志乾隆李志作吳州人

李　曉上元人嘉靖三十二年任勤慎老成

王廷臣嘉靖三十九年署任剛正勤勞甚得民心

奚　偉揚州人隆慶元年任

黃　衮通州人萬歷三年任慎官箴

李時春蘇州人萬歷九年任

陳嘉謨南城人萬歷十一年任　吳鶚鳴宣城人萬歷十三年任
周希旦　金得淳
邵斗　吳承鼎
袁士充李府志作士克　程希京有循政
王文運江西人李府志作江南人　芮應耀
梁聘孟渾厚詳明署任得民　江子循歙縣人天啓二年署任得民
高守紳　周士達江南人崇禎中任勤慎
張應宿鳳陽人　施于政江南人
嚴斌美建平人　張義
陳應昌揚州人

清

高鳳起黄岡人順治二年歸順仍任　石起鳳華亭人順治五年任

季春元靈州所人順治十年任

門有年博野人康熙初任有傳

李芬芳翼城人康熙十七年任

魏四訖文安人康熙二十二年任

李發英江華人恩貢康熙二十五年任

蘇　潤宛平人康熙三十三年任

趙　勉大興人順治十七年任

胡　玒孝感人康熙五年任李府志作胡珏

王開基膚施人康熙十八年任

徐秉政遼東人康熙二十二年任

張仲傑寧津人康熙二十八年任

主簿 晉隋皆設主簿掌水利之職以後或設或兼宋元以後官嵊者皆可考明萬曆三十八年缺裁

宋

文紹世　　劉士野 舊府志作仕野

吳　雍　　陳友仁

司馬偉 府志作馬思偉　　蔣　鐔 府志作鐔

聞人安世 有傳周志李府志不載　　刁　駿

靳　擴　　蘇　林

江　濤 括蒼人乾道中任舊府志作儔　　趙崇規 太祖九世孫

葉　梓　　鄭　圭

趙善恕　　陳秉禮

鄭伯衍 剡錄作伯行　　鄭　宰

邊　沂　　錢觀光

趙諒夫李府志作原夫　　姜強立

李　密　　陳　迪

徐　愿嘉定中任贊史安之遷創廟學　　趙崇層李府志缺

沈　悊剡錄作沈恐府志作文心在沈文煥後　　沈文煥

趙必鼎太宗十世孫　　王字孫

劉興祖　　吳　松

王　鎔　　賈　煥

臧子文李府志臧作藏誤按梅聖俞有贈臧子文詩似不宜列於宋末　　沈　炎李府志缺

元

閔　濟至元間任　　董　貞至元二十二年任

程　嶸至元二十六年任　　周敬之至元二十九年任

耿伯通 至元三十一年任

劉仲達 元貞元年任

楊　謙 大德二年任

傅光龍 大德五年任

辛　昭 大德七年任

趙與仁 號霽宇能詩大德十年任李府志作皇慶中任

劉乃鑾 至大四年任李府志缺

張　華 皇慶元年任

魏　恭 延祐二年任

薛艮弼

月倫帖木兒

韓汝楫 泰定四年任

傅　偕 至順元年任

諸　敬 元統元年任周志作諸苟李府志缺

元大明 至元元年任

魏邦凱 至元四年任慈祥練達

程　沖 全椒人至正中任

徐天錫 至正十三年任

相哥失理 以下三人李府志缺

蠻理沙

不別沙

明

張道明洪武中任府志周志作道安健於立事多所興創

馬　與眞定人天順中任剛直有理李府志作馬興

牛　麟永平人成化十三年任

鄭　瑀建昌人弘治元年任李府志作惠州人

阮　淮池州人弘治八年任沈默能守

沈　瀾如皋人弘治十二年任勤慎有聲

王　通正德十一年任府志作黃通

江　紀

符廷祥曲阜人嘉靖八年任

許　佑嘉定人嘉靖十八年任

康　寧洪武九年任有傳

徐遠成清流人正統中任質樸愛民

劉　清山東人成化二年任沈靜簡易

馬　騰文安人成化五年任

郝　逵懷慶人成化十六年任

周嗣祖莆田人弘治五年任府志作周仕祖

遲　銘高郵人弘治十一年任

張　鵬正德三年任

韓　椿嘉靖元年任

朱　組華亭人嘉靖五年任勦強剗盜民賴以安

秦　錫祥符人嘉靖十三年任

張大興興縣人嘉靖二十三年任

朱顯 嘉靖三十年任慷慨有才佐邑有儒林八政碑

夏金 嘉靖三十二年任

譚章 嘉靖三十七年任

姜偉

宗之鳳 建平人嘉靖四十四年任

韋希舜 嘉靖四十一年任

吳祺 無錫人隆慶四年任有傳李府志作琪

郭璘 贛州人隆慶三年任

鄭輅 南城人萬歷四年任

汪一鳳 羅田人萬歷三年任

楊愼春 萬歷九年任

張羅 萬歷八年任

邢箴 高淳人萬歷十四年任

林顥 香山人貢士萬歷十二年任

陳大禮

張文洛

魏繼孝 萬歷三十一年任有循聲

章文選 宛平人萬歷二十八年任慈祥佐治

孟景熙 萬歷三十五年任

尉 漢晉以後縣皆有尉或二人或一人或以簿兼攝舊多缺茲紀唐宋元之可攷者

唐

劉迺有傳

宋

吴秉　宋易

薛鎡　韓晝舊府志作潘晝李府志作潘晝

于閈剡錄作干閈府志作牙閱　楊矩府志作炬

程衎府志作衍　侯杞府志作祀

林懋能　祝溥

陸釜　趙塈府志作趙舉

杜師顏舊府志作師賢李府志脱杜字　吴正國

張永　魏興祖

張芝孫　楊文隆周志作文龍

劉次中　張德羽

趙師向太祖八世孫
陳紀
鍾闡
向士貴
胡之邵
宋元老
支文
吳元章
黃飛
汪之幹
孫寬夫
向儀

謝深甫乾道二年進士有傳
于汝功剡錄于作干
林昇
李補
錢聞善
趙崇原太祖九世孫李府志作崇元
趙彥垠
任謙之
姜漸
邵三傑
趙善嗣太宗七世孫府志作善士
趙時通

施復孫烏磯人淳祐中任

曹良度

趙必巽太宗十世孫

於 珍

徐 渼

元

張 楝至元二十二年任

韓 進至元二十六年任

馬 驥至元二十九年任以廉幹聞父老立碑紀其績

禿兔撒理

范天佑

孫德慶元貞元年任府志作應慶

郭 忠大德二年任

張元嗣大德五年任

張德溫大德十年任

胡漢卿延祐三年任

徐 垓延祐五年任

羅從善至順元年任李府志作佳崇善

葉 仁元統元年任

謝元琮後至元元年任

茂 圭以下三人李府志缺

到剌沙

典史元設典史明以後因之乾隆李志作縣尉

明

石友璘洪武三年任

符　綽正統五年任

馮　和清流人景泰五年任誠心愛民

唐　琛清遠人成化二年任處事不苟

孫　敬高郵人成化二十年任

戴　鎬星子人弘治八年任

蔣　進平江人弘治十二年任府志作蔣俊

吳　榮正德六年任

劉　玉正德十五年任

沙　的色目人至正五年任以廉慎自持

舒　紳池州人宣德中任

王　琮正統八年任識治體有才能事不勞而治

陳　彪河南人天順二年任有才幹

劉　雲掖縣人成化五年任

趙　錢上海人弘治元年任

張　京弘治十一年任

貢　悅正德五年任

鄒　崑正德十一年任

韓景宣鳳陽人嘉靖五年任

馬　容淮安人嘉靖八年任

盧　崑莆田人嘉靖十一年任

程伯卿福建人嘉靖十四年任府志程作鄭

鄭　誠嘉靖十六年任

徐　紱常州人嘉靖二十一年任

蔣　銀湖廣人嘉靖二十一年任

李大節應城人嘉靖三十年任

孫汝明嘉靖三十一年任

徐　紳嘉靖四十一年任

陳　周嘉定人嘉靖四十四年任

何　欽隆慶五年任

周守陽永新人萬曆三年任

羅　位萬曆八年任

李　陽萬曆十一年任李府志作李暘

傅秉伊上高人

王文華

湯邦啓萬曆十四年任

蒙嘉約

熊國寶

戴　多仙游人李府志作戴豹

李宗舜豐城人

馬載道

黄維翰

張尙緒

趙良璧涇縣人天啓中任居官誠謹
王瓌選崇禎中任李府志作瓌選
郭邦鎮福建人
李永春

清

王　玹江南人順治初任
楊萬程富平人順治十二年任
陳王鼎富平人順治十七年任
毛鼎鉉武陟人康熙二年任
支　茂衡水人康熙二十年任
方憲章大興人康熙四十六年任
董文松河內人康熙五十三年任

姜　堯
白彤郁陝西人
程宏道新安人卒葬剡山
楊時中
彭延祚湖廣人順治五年任
周明鼎麻城人順治十六年任
李天錫大興人康熙元年任
劉　琮太原人康熙十九年任
耿明玉阜城人康熙三十六年任
張從訓大興人康熙五十年任
王大德保定左所人雍正三年任

徐　傑丹徒人乾隆九年任

莊　敬武進人乾隆二十七年任

殷秉銓吳縣人乾隆三十五任年

項　韶連城人乾隆五十年任

包　桂丹徒人嘉慶六年任工書

周　普嘉慶二十五年任道光十四年任

陳廷弼懷寧人道光十五年任

王大乾道光二十二年任

程體仁孝感人道光二十四年任

李　鄒代理

焦掄元咸豐元年任

施嘉惠咸豐六年任

朱御庭華亭人乾隆十五年任

方瑞照歙縣人乾隆二十八年任

溫常益太谷人乾隆四十六年任

陸卿雲吳縣人乾隆五十二年任

林常緻沙縣人嘉慶九年任

王希孟無錫人道光十一年代理

丁維康道光十八年代理

張　淵直隸人道光二十三年任

易謙吉道光二十九年任

烏鳴岡道光三十年任

王三重字蘭臺西寧人咸豐二年任五年與妻雷氏相繼卒葬城隍山遺一子長齡家於剡

林　俊護理

單竹林署任

劉洪恩咸豐七年任

李承湛大興人字竹君工詩咸豐八年任同治元年他調同治四年十一月復任

鄭汝梅同治元年任

陳　熙同治四年任

鄭　傑同治七年代理

李　濤光緒十一年任

丁嘉俊光緒十一年任

鄭彭齡光緒十二年任

傅玉森光緒十三年任

何厚卿光緒十三年任

孫文濤光緒十四年任二十五年他調二十六年復任

李　鼎光緒二十五年任

張祖煥光緒三十三年任

張　鏐光緒三十三年任

朱金耿光緒三十四年任

李觀瀾宣統二年任

陳廷華宣統三年任

教諭漢立學校官歷代因之互有改置清每縣設教諭一員訓導一員康熙五年裁嵊教諭十五年復設

宋

馮子廣 紹興四年任後裔居馮家潭

解南翔 昌州人景定二年任自著記事於學

徐應家 桐廬人舊府志徐作孫

洪一鶚 天台人咸淳中任

元

周潛孫 至元初年任

俞巳千 字北山府志作俞巳

何翥 字平遠邑人

趙文炳 字實齋至元二十一年任

張杰

劉悌 上虞人

俞揚 至元二十二年任

張炎發 至元二十六年任府志作文發

李子紹 蕭山人至元二十九年任李府志作子照

張蒙亨 上虞人至元三十年任

韓悅道 會稽人至元三十一年任

汪宜老 慶元人元貞元年任

葉元善 溫州人元貞二年任

鄭大觀 餘姚人大德二年任

王瑞 大德三年任

楊至 天台人大德四年署任

楊仲恕慶元人大德五年任
胡得助諸暨人大德十年任府志作德助
丁　裕鄞人皇慶元年任
黃德允太平人延祐二年任
趙　源至治元年任
項　昱溫州人
崔　存湖州人至正中任後居本邑

明

周　巽洪武中任
湯　輔弋陽人洪武二十四年任有傳
劉士賢永樂十一年任
楊　贄福建人正統五年任府志贄作貫

徐鵬學處州人大德七年任李府志作徐鵬
趙　復鄞人至大四年任按至大只四年舊志作七年誤
楊國用餘姚人延祐中任府志作國川
孔克樵鄞人
沈　讓
王文合邑人元舉人洪武三年任
黃　份永樂五年任有傳
舒　伸宣德中任
簡　□名佚正統八年任李府志缺

馮[illegible]鋌 甌寧人景泰元年任以性學訓多士又手授春秋恩義兩盡六載以疾歸諸生揮淚爲別

林元立

孫　敬

俞　成 海陽人弘治十一年任學政克舉同夏雷纂邑志造泮橋 府志作潮陽人

葉　欽 德興人正德六年任

武　時 溧水人舉人嘉靖中任造士有方勁節不撓

蔡于蕃 仙游人嘉靖二十三年任

張　梅 句容人嘉靖三十一年任有傳

喻　曉 潛江人舉人嘉靖三十七年任

戴　委 浮梁人天順中任剛正有志操待人以和

陳　烜 福建人舉人成化二年任有傳

顧　纘 莆田人成化十八年任

吳　泰 江陰人成化二十一年任張志有傳

房玉節 金堂人舉人弘治十八年任

許　選 漳浦人舉人正德三年任

王　崑 宜川人舉人嘉靖五年任陞國子助教

黃　仁 歸善人嘉靖十一年任

劉以貞 安福人舉人嘉靖十六年任

王　臣 南平人嘉靖二十六年由本學訓導陞任

林朝卿 江陵人舉人嘉靖三十五年任

雍世哲 閬中人舉人嘉靖三十九年任

王　言長樂人嘉靖四十三年任
張惟表長樂人隆慶四年任
王振漢福建人萬歷八年任
陳　埶清江人萬歷十二年任
鄧　敏新安人陞舞陽令
洪應科定海人
戴時雍玉山人府志作五山
虞應節永嘉人
嚴法乾歸安人萬歷四十七年任
葉　禾秀水人崇禎元年任
江養潛定海人崇禎十年任
張養淳烏程人崇禎十四年任

韓天衢涇陽人舉人隆慶元任年
王天和永豐人萬歷三年任有傳由嵊訓導陞
章　木鄞人萬歷十一年任樸實有學
楊繼朝內江人萬歷十四年任
杜承芳新城人陞汀州府教授
方叔俶莆田人
陳士彥萬歷三十六年任有傳
金以諫臨海人萬歷四十五年任
徐行忠餘杭人天啓元年任中崇禎戊辰進士
王尚行嘉興人崇禎四年任陞南陵令
王汝勸處州人崇禎十二年任

清

吳應祺　永康人順治初任

陸鳴時　錢塘人順治八年任國子助教

陳泰徵　富陽人康熙十六年任李志是年復設

盧　璉　錢塘人拔貢康熙十九年任陞知縣

朱宸枚　海鹽人歲貢康熙四十六年任有傳

陳　炎　海寧人舉人康熙六十年任

沈美英　定海人歲貢乾隆二十一年任

汪　墉　嘉善人舉人乾隆二十七年任

周咨詢　永康人拔貢乾隆五十三年任陞寧波府教授

沈鳳飛　字小湖德清人舉人道光十九年署

鄒謙吉　無錫人順治三年任

費萬程　海寧人康熙三年任李志是年奉裁

張　儁　湯溪人康熙十七年任

邵遠聲　仁和人歲貢康熙三十年任陞台州府教授李府志作邵聲遠

沈錫培　仁和人副貢雍正十三年任

陳篤孝　海寧人乾隆二十四年任

李　增　鄞縣人乾隆三十五年任陞知縣

葛星垣　秀水人舉人嘉慶十九年任

岑蓮乙　字藕舫慈谿副貢道光十七年任

李國樑　字朝梧天台人舉人道光二十一年署

王能吉字雅臺錢塘人舉人以經學名道光二十二年任
楊拔萃字聚山玉環人廩貢同治二年署
欽陛良字橙圃德清人廩貢同治五年任
張晉榮字純菴錢塘人廩貢同治七年署
黃華軾同治十年任
汪張斆同治十三年任
朱寶珍光緒三年任
孫樹義光緒八年任
朱恩棟光緒十年任
朱點衣光緒十七年任
陳鴻疇光緒二十年任

王榮曾字小沂仁和人舉人道光三十年署
盛元音字竹溪富陽人舉人咸豐元年任十一年冬殉洪楊潰軍之難
戴　匡字菊人德清人附貢同治六年署
吳光鎬字伯霆長興人同治九年署
王啓忠同治十二年任
朱文炳光緒元年任
鮑誠復光緒四年任
蔡夢寅光緒九年任
陳其晉光緒十六年任
錢青炤光緒十七年任
江振杰光緒二十年任

馬兆龍光緒二十年任

訓導

元

趙辰孫字深甫至元中任李府志入教諭

王通叟字蒙泉

連山字棲碧

徐德嘉至元二十一年任

時應龍字文叔

葉仲禮

朱枋至元二十二年任

朱道坦至元二十六年任

謝慶集慶人至元二十九年任

楊瑞至元三十年任

周宗元巴西人至元三十一年任

趙必恭元貞元年任

伯顏字近仁元貞二年任

王仲庸大德三年任

戰惟肅大德三年任

崔惟遜見甲辰九月楊翮修學碑碑今尚存

明

錢　莊邑人洪武二年任能詩錢氏家譜作三年以經明行修舉爲本邑訓導

吳元亮仙居人洪武三十二年任

周　詢廬陵人正統八年任嚴立科條激厲生徒陞均州教諭

李　灝固始人舉人

林元立福建人李府志作杜元立

許　昌同安人成化十八年任

方　興廣平人弘治元年任

林世瑞閩縣人舉人弘治十一年任博學治聞同纂邑志

馬　玹

施　震天台人洪武七年任模範端重工古文

胡　虞鄞縣人洪武九年任博學贍文以禮自繩

王　蘭邑人宣德中任工詩著有林泉稿

王　敏河南人天順中任

鄭　亨華亭人

王　洪江寧人成化五年任有傳

連　銘福安人成化十三年任

胡　啓南平人成化二十二年任剛方不苟取

湯　浩丹徒人弘治五年任

周　俅莆田人弘治十二年任學行俱優同纂邑志

歐陽英太和人弘治十八年任

胡　顒辰州人正德六年任
何　隆邵武人正德十一年任
王　佐臨川人嘉靖元年任
王　貢泰州人嘉靖七年任
曾伯宗東鄉人嘉靖八年任
鄭　琛惠安人嘉靖十一年任
王　臣陞本學教諭
許　梁福清人嘉靖十三年任
石　泰長沙人嘉靖十六年任
黃積慶金溪人嘉靖十八年任有傳
謝　恪當塗人嘉靖二十三年任
張德輝來安人嘉靖二十六年任
江學曾青陽人嘉靖二十八年任有傳
徐　鑾上饒人嘉靖三十一年任
韋　棠江浦人嘉靖三十二年任
陳　信廣德人嘉靖三十五年任
李　瑚吉水人嘉靖三十七年任
車　軒咸寧人嘉靖三十九年任開導不倦
徐　鐸南城人嘉靖四十四年任
華國章無錫人嘉靖四十五年任
郭克昌廬江人隆慶二年任
王天和隆慶三年任有傳
曹文儒永康人萬曆三年任　乾隆李志作永樂人
潘恆懼景寧人萬曆三年任　李府志作恆衢

誤

傳　遜蘇州人萬歷八年任博學能文著有春秋辨誤行世

王汝源萬歷九年任有傳

趙　棟武康人萬歷十二年任

陳　賓連江人萬歷十四年任

張可久萬歷十九年任陞浦江教諭李府志作二十九年任

金可器萬歷二十五年任陞太和教諭

趙東詩湖廣人萬歷二十六年任講學淑人

王致恩分水人

林文華

趙　襄合肥人萬歷二十九年任

趙　珣東平人萬歷三十年任

韓　鋹浦江人萬歷三十年任

任汝光寧海人萬歷三十年任

成克勳直隸人萬歷三十五年任

劉希儒

方一輝淳安人

盧季綰天台人

張聯璧江西人

李洵岳義烏人萬歷四十七年任

張宏漑安吉州人府志張作陳

晏逢時麻城人天啓元年任府志晏作吳

朱文暉臨安人天啓三年任陞桐江教諭
徐應亢遂安人天啓六年任

蔣龍芳湖廣人崇禎元年任李府志作龍方
朱應宸義烏人崇禎三年任

周克中定襄人崇禎三年任
王有爲蘄州人崇禎五年任

欽有爵長興人崇禎五年任
洪名盛平漢人崇禎六年任

葉祺允秀水人崇禎十二年任
嚴爾衡安吉州人崇禎十三年任

王希商桐廬人崇禎十三年任仁厚坦誠諸生立碑思之李府志作王希岡
吳之翰鄞縣人

郭　賓贛州人

清

江皋佩仁和人順治三年任
林允文定海人順治九年任

龔自淑西安人順治十六年任有傳
謝三錫太平人康熙七年任

周雲桂慈谿人康熙十四年任
章兆豫

鄧巖貞臨海人歲貢康熙三十年任有傳
郁　頫石門人歲貢康熙四十一年任

戚　禾秀水人歲貢康熙四十九年任

滑　崧仁和人歲貢康熙五十五年任李府志作崧作松

謝　超建德人歲貢雍正九年任

葉　贊西安人歲貢乾隆七年任

沈　路錢塘人歲貢乾隆二十年任

張龍光吉安人貢生乾隆三十年任

朱休度秀水人舉人乾隆三十四年任李府志作仁和人誤

董一經烏程人舉人嘉慶四年任

沈浚都桐鄉人歲貢道光七年任

徐國楨天台人舉人道光二十五年署

潘調燮浦江人歲貢康熙五十年任

滑　槤仁和人歲貢康熙五十六年任

陳天寅富陽人歲貢雍正四年任有傳

王允鼎德清人歲貢乾隆五年任

徐全備衢州人乾隆十五年任

孫　昇德清人歲貢乾隆二十五年任

王榮統西安人舉人乾隆三十一年任

章　甫於潛人乾隆四十一年任

周世沐仁和人舉人乾隆四十三年任

何　烺嘉慶己卯舉人

宋可堂奉化人舉人道光二十五年署

吳企奭字棠溪淳安人歲貢道光二十六年卒於

洪　燧字黎軒新城人附貢道光二十六年署任

趙九琳字菉卿鄞縣人舉人工書能詩道光二十七年任

黃　溥字越山鎮海人歲貢咸豐元年任

陳　灃字芑東太平人廪貢同治五年任

吳　淦字鞠潭杭州人廪貢同治六年任

趙廷夔字琴韶瑞安人舉人同治七年署

高有鈞字存甫杭州人廪貢同治八年任

蔣　照字銘沅平湖人拔貢同治九年署

周　璜同治九年任

張紹奎同治十年任

朱祖任同治十二年任

陳　濱同治十二年任

鄭炳垣光緒二十二年任

高振垣光緒二十六年任

吳光宸光緒二十七年任

金士洓光緒二十八年任

勸學所總董

謝燮奎光緒三十三年任

宋　黃宣統元年任

周志由宣統二年任

錢適鵬宣統三年任

駐防舊制駐防一員係千把輪防協防外尉一員均三年一換乾隆十四年奉文一年一換乾隆以前檔案殘闕今自嘉慶元年始

裘　曜邑人嘉慶元年五年六年八年十年十三年十八年凡六任

倪士鄂餘姚人嘉慶四年十四年凡二任

任　飛鄞縣人嘉慶十五年任

董廷檪鄞縣人嘉慶十六年道光六年八年凡三任

金萬齡諸暨人嘉慶二十三年任

張觀德錢塘人嘉慶二十五年道光四年凡二任

王武滔仙居人道光三年任

王萬育會稽人道光七年任

汪定海鄞縣人嘉慶二年任

戴　潮仁和人嘉慶三年十二年十七年凡三任

黄占魁平陽人嘉慶七年九年十一年二十年二十一年凡五任

李成章烏程人嘉慶十九年任

何起爵仁和人嘉慶二十二年道光二年凡二任

胡　溎仁和人嘉慶二十四年任

徐　堅諸暨人道光元年任

盧秉信仁和人道光五年任

鄭　英鄞縣人道光十年任

汪□名佚鄞縣人道光十二年任
楊寶林山陰人道光十五年任
周光升鄞縣人道光十八年二十二年凡二任
翁天寶會稽人道光二十年任
王雲龍會稽人道光二十一年任
胡　雲錢塘人道光二十三年任
周光順鄞縣人道光二十七年任咸豐元年任後由安吉營守備保舉都司儘先補用平望陣亡
崔吉祥臨海人道光二十九年任
周廷標錢塘人咸豐三年任
張殿魁山陰人咸豐五年任
董漢清象山人咸豐七年任
朱朝英仙居人咸豐八年同治五年凡二任
黃大忠餘姚人同治五年十一月任
方得高字月樓鄞縣人同治六年任
趙有發光緒十五年任
張榮鑣光緒三十二年任

協防

王應魁仁和人嘉慶元年三年凡二任
王大成錢塘人嘉慶二年任
徐自新烏程人嘉慶四年八年十四年十八年二
楊玉麟仁和人嘉慶五年六年十年凡三任

戴　勇仁和人嘉慶七年十一年二十二年凡三任

劉長清山陰人嘉慶十二年任

徐　朗仁和人嘉慶十五年任

盧秉信仁和人嘉慶十七年二十一年凡二任

韓成斌餘姚人嘉慶二十年道光元年五年八年凡四任

鍾文英秀水人道光四年六年凡二任

朱　桂紹興人同治三年任

楊承時

十四年凡五任

張兆華錢塘人嘉慶九年任

戴尙愼仁和人嘉慶十三年任

王殿輔象山人嘉慶十六年任

王雲龍會稽人嘉慶十九年二十三年二十五年道光二年凡四任

王萬育會稽人道光三年任

尹殿元鄞縣人道光七年任

董漢清象山人

王逢春紹興人同治八年任

警察局光緒三十二年縣始設警察局借清節堂爲局址置警董三人警察三十名三十三年改爲巡警局移設習藝所內增警額三十名三十四年復改爲警察局置巡官一巡董二警額仍減爲三十名

警董

袁耀章光緒三十二年任　宋徵獻光緒三十二年任三十三年續任

茹嘉鄉光緒三十二年任三十三年續任　董懷勛光緒三十三年任

巡官

梁　浩新昌人光緒三十四年任　黃正幹邑人宣統元年任

王文田宣統三年任

巡董

宋徵獻光緒三十四年任　羅叔亮光緒三十四年任

嵊縣志卷九終

嵊縣志卷十

職官志

名宦

東漢

薛棠河東人以郎中拜剡令有善政甘露降園熹平四年遷沇州刺史明年甘露復降庭前樹從事馮巡主簿華操等相與褒樹表勒棠政金鄉城內有沇州刺史薛棠像碑水經注

吳

賀齊字公苗山陰人本姓慶氏伯父純儒學有重名避安帝清和王諱改賀氏父輔永寧長少爲郡吏守剡長縣吏斯從輕俠爲奸齊欲治之主簿諫曰從縣大族山越所附今日治之明日寇至齊聞大怒便立斬從從族黨遂相糾合衆千餘人舉兵攻縣齊率吏民開城門突擊大破之威

震山越後太末豐浦民反轉守太末長誅惡養善期月盡平建安元年王朗奔東冶侯官長商升爲朗起兵齊爲陳禍福升求降賊帥張雅詹彊等反共殺升齊進討大破雅彊黨震懼率衆出降侯官既平而建安漢興南平復亂齊進兵建安立都尉府進討大破之拜東平校尉還威武中郎將累遷奮武將軍從孫權征合肥江表傳曰權征合肥還爲張遼所掩襲幾危齊率兵在津南迎之復與陸遜討破尤突餘黨震服丹陽三縣皆降拜安東將軍封山陰侯出鎮江上督扶州以上至皖黃還復將軍假節領徐州牧抱樸子曰昔吳遣賀將軍討山賊賊中有善禁者每當交戰官軍刀劍不得拔弓弩射矢皆還自向輒致不利賀將軍長情有思乃曰吾聞金有刃者可禁蟲有毒者可禁其無刃之物無毒之蟲則不可禁彼必是能禁吾兵者也必不能禁無刃物矣乃多作勁木白棓選有力精卒五千人爲先登盡持棓彼山賊恃其有善禁者了不嚴備於是官軍以白棓擊之彼禁者果不復行所擊殺者萬計浙江通志自賀齊討平山賊始立爲郡縣　按舊府志俱云齊爲剡長又云剡治舊在江東齊徙今所城亦齊建

晉

周翼字子卿陳郡人郗鑒之甥少遇饑亂賴鑒相濟得存翼爲剡令鑒亡翼追撫育恩解職歸心喪三年後歷青州刺史少府卿周志

謝弈字無弈陳郡陽夏人太傅安之兄少有器鑒辟太尉掾作剡令有老翁犯法弈罰以酒過醉而猶未已時太傅年七八歲在弈膝邊坐諫曰阿兄老翁可念何可作此弈改容曰阿奴欲放去耶遂遣去累遷豫州刺史剡錄

李充字宏度江夏鄳人也父矩江州刺史充少孤父墓柏樹爲盜所斫充手刃之由是知名辟丞相掾記室參軍褚裒爲征北將軍又引爲參軍充以家貧求外出裒將許之爲縣試問之充曰窮猿投林豈暇擇木乃授剡縣令晉書

殷曠之仲堪子有父風爲剡令剡錄

宋

王鎮之字伯重瑯琊臨沂人父隨之爲上虞令因家焉鎮之初爲瑯琊王衞軍行參軍出補剡令再令上虞並有能名內史謝輶請爲山陰令復有殊績桓玄以爲錄事參軍時三吳饑銜命賑恤糾會稽內史王愉不奉符旨爲貴戚所抑以母老求補安成太守毋憂去職在官清潔妻子無以自返乃棄家致喪還葬上虞服闋爲征西司馬南平太守後爲御史中丞執正不撓百僚憚之出爲廣州刺史蕭然無營去官之日不異始至還宋臺祠部尚書終宣訓衞尉宋書

周顒字彥倫汝南安成人舊志作安城長於佛理兼善老易嘗著三宗論宋明帝好玄理引入內殿親近宿直元徽中爲剡令有惠政

百姓思之齊建元初遷正員郎轉國子博士兼著作郎太學諸生慕其風爭事華辨著有四聲切韻行於時南史

齊

張稷字公喬吳人幼有至性生母劉遘疾時年十一侍疾終夜不寢及終哀毀瘠立父及嫡母繼歿廬於墓側六年州里謂之純孝永明中爲剡令會山賊唐寓之作亂稷率衆拒之保全縣境俸祿皆頒親故家無餘財入梁累遷尚書左僕射出爲青冀刺史不得志禁防寬弛會州人徐道角作亂遂遇害南史　祀名宦張志云稷子忠貞公嵊世居剡珏芝之里其裔孫文彬徙居秀異坊　按乾隆李志云冀即青州所分是爲南冀州南朝州縣多僑置齊仍宋制青州刺史以鬱州爲治所詳宋地理志

梁

劉昭字宣卿高唐人昭幼清警通老莊義及長勤學善屬文外兄

江淹早相稱賞天監中累遷中軍臨川王記室爲剡令卒於官著有文集十卷注後漢書一百八十卷南史

陳

徐孝克東海郯人陵弟也有口辨能談玄理性至孝居恆清素好施惠天嘉中除剡令非其好尋去職太建中徵爲秘書丞不就宣帝甚嘉其孝行入隋仕至國子博士梁書 按舊志載陵不載孝克查徐陵本傳無令剡事殆誤以孝克爲陵耶

唐

杜佑字君卿京兆人以蔭補濟南參軍事剡縣丞累遷同中書門下平章事封岐國公佑資嗜學雖貴猶夜分讀書撰通典二百篇新唐書

劉迺字永夷河南伊闕人天寶中擢進士第喪父以孝聞服終補

剡尉建中時拜兵部侍郎朱泚之亂遣人召之不可脅聞車駕如梁州不食卒新唐書

宋

丁寶臣字元珍晉陵人第進士爲太子中允知剡縣首重學校興殿舍肖孔子像聽決精明賦役有法民畏而安之旋改令諸暨暨人喜曰此剡人所載以爲慈父者吾邑何幸焉而寶臣亦用治剡者治暨大有政聲以材行遷編修校理秘閣英宗每論人物屢稱之其卒也歐陽修王安石表識其墓乾隆李志

過昱字彥專一作公彥皇祐初以秘書丞出令剡歲饑流民集城下昱勸富家出粟賑之明年又饑乃出常平錢請糴取其贏米幾萬斛予流民又劃俸麥爲種假超化院田千餘畝役饑民耕種之明年得麥五百餘斛民賴以活使歸復業流民感激而去熙寧

己酉昱巳亡劉彝過故院見談過公者無不泣下因記以詩（詳藝文）當時又有詩云賢哉過合尹德政是吾師萬事無鋒穎一心惟愛慈爲人所欽慕如此（萬曆府志）

宋旅字廷實莆田人第進士宣和中知剡縣方臘既陷歙睦杭衢婺五州且犯越越盜應之縣吏多遁旅遣妻子浮海歸閩獨與民據守以忠義激勵部勒隊伍爲預備計俄而盜衆大至旅躬率壯鋭冒矢石雖多殺獲終以力不敵死之越帥劉韐上其事詔贈朝散郎錄其四子（宋史祀名宦）

宋宗年（祁府志作郊）之孫建炎中令剡金人攻越守李鄴以城降屬邑皆潰宗年城守獨堅民賴以安官至中散大夫因家於剡（萬曆府志祀名宦　乾隆李志云宗年卒葬大洋元時子孫居集賢坊今徙一都愛湖旁）

范仲將蜀人姜仲開淄川人紹興初相繼爲令仲將健於立事而

仲開政在急吏寬民性行略相似仲將先拓孔子廟創戴顒墓亭仲開復建學堂移殿廡與門南向皆重學崇儒建豎偉然先後稱二仲仲開卒葬福泉山其子孫居江田村乾隆李志

謝深甫字子肅臨海人萬歷府志誤作臨安人乾道二年進士尉嵊歲饑有死道傍者一嫗哭訴曰吾兒也傭於某家遭掠而死深甫疑之廉得嫗子曰汝奈何匿子而誣人也嫗驚伏曰某與某有隙賂我使誣告耳皆抵罪自是人不敢欺爲浙曹考官一時士望皆在選中曰文章有氣骨可望而知調知青田侍御史葛邲顏師魯交薦之孝宗召見深甫陳言用人在上涵養之振作之勿使阻傷辭極剴切上嘉納之除大理丞江東大旱擢爲提舉常平講行荒政所全活者一百六十餘萬人累官右丞相封岐國公致仕有星隕於居第遂卒理宗朝追封魯公謚惠正有東江集

先是深甫布衣時由丹邱赴南宮嵊嶀浦廟神告以富貴期既登科來尉事神甚謹入樞筦請封神爲顯應廟周志

楊簡字敬仲慈谿人師事陸九淵洞徹精微學者稱爲慈湖先生乾道中爲紹興司理犴獄必親臨端默以聽使自吐露越陪都臺府鼎立簡中平無頗惟理之從常平使者朱熹薦之改知嵊歷官寶謨閣學士著有慈湖甲藁宋史道光李志云舊府志楊簡未莅任而嵊人重其人祀名宦焉然周志官師表有楊簡名乾隆李志則云乾道中任又嘉靖三十三年提學副使阮鶚檄知縣吳三畏立慈湖書院似已莅嵊任者

詹乂民剡令初邑人以元日昧爽謁廟聞廟中語曰今歲丁旱或又曰詹乂民作宰向旱爲門啓而入始知其爲神也夏果旱詹來雨隨車而注周志

史安之字子由四明人浩之孫嘉定初令剡清訟剔蠹度田定稅

宿弊盡洗貧民有兩稅不能輸者絹綿錢穀凡數千計安之捐俸代輸奏免和買錢二千餘貫絹二百餘匹百姓歡呼載路飛蝗入境食草木之葉而禾稼不傷人謂德政所感卜地拓故學宮課士不輟築城修倉百廢俱舉而民不以爲勞嘗構面山堂於治北引客觴詠其間風致灑然求高似孫作剡錄剡中掌故自此始李宿治績記　按杜春生云安之仕至朝奉大夫浙東安撫司參議二子日卿月卿按劉氏墓銘又有雲卿豈其改名者歟

陳著字子微舊志作子徵誤奉化人登文天祥榜進士景定初相國吳潛等以著才可大用相繼薦於朝時賈相當國諷其及門著曰寧不登朝不爲此態遂出授福安令咸淳四年改知嵊先是宗室外戚有居嵊者持一邑權前令率坐是譴去闕令者十有七年於是豪貴橫行每於僻地剽劫行人至家胥靡役之歲終復攫

行人代乃紓去謂之奪僕又造白契牽合證佐占人田産無敢問者著至獨持風裁設禁治之諸豪貴始斂戢民賴以安在嵊四年遷通判揚州代者至民乞留不得去嵊距著家僅五舍民自東郭道中至城固嶺數十里祖帳遮道依依不能舍因名嶺曰陳公嶺以識去思代者李與宗謂著何以處我著曰義利明而取予當教化先而獄賦後識大體而用小心愛細民而公巨室如是而已累官監察御史知台州府乾隆李志　按著有本堂集行世見宋詩紀事

祀名宦

聞人安世字漢卿嘉興人尚書建次子授汾州文學改杭州文學終剡縣主簿有政聲子昌時遂家餘姚乾隆李志

元

佘洪字仲寛益都人元貞初尹嵊廉介明決爲民蘇困邑夏就絹

準鈔過重洪請得納絹減費之半先是田稅重而山與地不科洪倣史安之例酌步以均之秋糧輸布民既輸半會淮郡旱蝗復令改徵米洪力陳不便乃得免退既復徵米三千有奇洪又力陳灘險嶺峻民疲於運請留備本邑春歉民咸稱便新廟學創書院除免儒充里胥民感之爲立道愛碑乾隆李志舊志佘作余道愛作遺愛誤

宋節一名也先大德間爲邑尹操厲凜然一介不苟取政多惠愛上下和洽調奉化知州陞監察御史周志

高閭蒙古人至大二年爲嵊達魯花赤政尚嚴肅裁吏卒之冒濫者若干人才名藉甚鎮守千戶縱戍卒擾民閭繩以法尋白帥府罷鎮守司民獲安堵時尹萬愿嚴毅有守勤於民務與閭相持以正並稱循良云萬歷府志

教化的怯烈人泰定元年爲嵊達魯花赤潔已愛民以糧稅輸郡道路艱阻請折以布民感其惠爲立石志思萬曆府志

仇治字公望至元初尹嵊首定役法民咸稱便時達魯花赤馬合麻縱吏卒爲暴治逮捕數十輩械府悉論罪縣境肅然亡何竟爲馬合麻所中傷罷去治練達果斷不畏强禦嘗曰手執鈍斧砍無名樹樹盡山空樵夫歸去足以想其疾惡矣周志

趙琬字仲德河南人元至正間尹嵊剛果有才幹抑强扶弱爲吏卒所畏累遷台州路總管元亡自縊死先是其兄璉爲淮上參政治行嚴毅淮寇張四九起高郵亦殉義死時稱二難張志

明

高孜洪武初知嵊涖政明敏愛民如子及卒邑民悲號相率葬於北門外星子峯下歲時祀之萬曆府志　乾隆李志云孜在任三載

康寧洪武初爲邑主簿政務恤民民懷之凡賦役不煩勾稽而遇事明決案無留牘乾隆李志

湯輔字師尹弋陽人洪武二十四年由進士除教諭講授無虛日與訓導施震胡愚及諸生捐俸廩修明倫堂成化二年陳烜字士華福建人由舉人除教諭有志操以邑無鄉賢祠乃節俸以倡爲堂三楹祀晉以來名賢人並稱之乾隆李志

吳元亮仙居人洪武間訓導沈靜方嚴動必以禮講明正學以開後進及卒與僚友諸弟子訣端坐而逝據周志補纂

龍淵字景雲洪武末令嵊撫字有法政在寬猛之間識者謂爲得體秩滿陞監察御史轉淮慶知府周志

譚思敬永樂間令嵊政先教化時以孝弟格言告耆老使歸訓子弟於是縣民向化咸自誦所訓曰教我孝者譚平因共呼爲孝

譚九年秩滿民懇留之復任九年愛嵊山水遂家於禮義鄉子孫世爲嵊人（萬歷府志　按浙江通志思敬湖廣人由鄉舉任）

黃份字原質佚其籍永樂間爲嵊教諭王洪字宗大江寧人成化間爲嵊訓導俱工詩喜蒔花木胸次灑然能以風雅爲士林提倡（周志）

舒仲池州人宣德初典史姿儀俊偉通經史喜接賢豪長者留輒經旬視一切聲利淡如也（同治志）

符綽正統初爲典史耽詩酒詢能詩者至幕中日與觴詠爲樂合長知其志不縈以政而綽亦跅弛自喜或呼爲酒顛云（同治志）

徐雍毗陵人正統初令嵊潔己愛民問民疾苦憂勞遘疾子彥華刲股以救弗愈卒（浙江通志）

單宇字時泰臨川人正統四年進士除知嵊縣馭吏嚴吏欲誣奏

宇字以聞坐不幷上吏奏逮下獄事白調諸暨遭喪服除待銓京師疏請盡罷中官監軍又請罷遣僧尼歸俗復知侯官宇好學有文名三爲縣咸以慈惠聞明史　按乾隆李志宇政識大體先學校重農事創義倉以備旱暵民不告勞善吟詩所著有菊坡叢話

徐士淵定遠人由鄉舉正統初知嵊縣時值旱蝗力請於上得米八百石以賑已而洊饑憂勞成疾卒於官橐無餘金百姓哀之萬歷府志

孟文潞州人由鄉舉正統八年任居官廉能民賴之時縣丞方主簿徐典史符民謂之謠曰孟青天方索錢徐老實符酒顛十二年處州賊爲亂奉都御史檄率民兵往剿踰年寇平賚金旌賞六載考滿引年去張志

李春成貢人由鄉舉成化二年乾隆李志作三年來令性嚴毅寡言吏卒

畏悚不敢爲奸布蔬以臨民民雖畏而可親有歌云勸課農桑民樂業作興學校士登科謂爲實錄三載丁外憂去行李蕭然張志

許岳英字邦賢潮陽人由鄉舉成化中知嵊清愼警敏爲政以教化風俗爲急當春出郊視農事民爲立勸農亭舉行藍田呂氏鄉約崇奬節孝率諸生習射於射圃又開社學教民子弟延知名士輯邑志建廟學齋廡及豆籩罍爵等一切修飭嵊田土舊多詭冒賦役不均特爲丈田均賦宿弊一洗蓋卓然稱能吏云乾隆李志

臧鳳字瑞周曲阜人第進士弘治中知嵊爲政平恕有操守鄉民上堂誤觸公案墮地叩頭不知所措鳳笑遣之鎮撫使郭榮犯法訊者咸推避莫能決鳳承檄立訊之寘於法城南臨大江舊

惟土堤洪水至則嚙堤漂屋屢爲民患鳳乃相基壘石長堤屹然至今賴之三載擢監察御史百姓莫不流涕累官南京兵部尙書乾隆李志

徐恂字信夫嘉定人由鄉舉弘治間來令勤敏有吏幹縣治學宮壇社倉廒以次修舉重刻學庸冠冕續編清風祠集聘夏雷作邑志類能以文飾吏治周志

張暄舊府志作萱正德間由鄉舉任清操凜凜是時中官橫肆使者下邑誅求莫敢誰何暄立笞之中官識暄名置不問童校尉還里勢張甚暄懲之以法上官檄下有不便暄輒封還或論駁上官亦嚴憚檄不妄下時謂之張強項浙江通志

林誠通由鄉舉正德間令嵊貞廉絕俗入覲遇盜啓篋僅數金盜曰廉吏也還金而去或謂才不稱德擬之公綽然申裁冗費民

以休息又才者難之官至參議周志

王伯當直隸人正德間爲嵊丞清白自持人不敢干以私歷數載如一日還縣令去士民繪冰壺秋月圖以贈周志

譚崧府志作松德化人嘉靖初知嵊簡靖和易一意拊循百姓有譚外公之稱周志

吳三畏字日寅莆田人由鄉舉嘉靖間以臨海教諭陞嵊令嵊舊無城時倭夷方充斥所過殺掠三畏曰邑無城是棄其民也乃周遭相度城故有址多屋於民三畏立命撤去將庀材鳩工而計費鉅萬工當數萬衆有難色三畏曰城勞民不城無民則奚擇難者悟翕然惟命三畏晝夜省督寢食俱廢城始半賊自天台入境相望五里三畏曰城卽半猶愈無城率民兵上城燎火燭天呼噪動地賊知有備遂宵遁明年城成賊復至三畏登陴

守禦賊不能犯嵊人以是知城功之大也三畏短小精悍而敏慧過人遇事無盤錯訟牒盈庭立口決手判去民千百在前一目不忘善大書遒勁有古法五年陞廣信府同知特祠祀於望越門內子應台生臨海長於嵊成進士歷官浙江左右布政體恤嵊民加摯周志祀名宦

吳泰江陰人以舉人除教諭志趣恬淡不逐勢利兩上春官不第遂飄然解職去士論難之周志

陳宗慶金谿人由鄉舉嘉靖間令嵊至邑勞問民瘼上書論列兩事其一謂嵊協濟東關重役不均累苦萬狀當首免也且東關曹娥僅隔一衣帶水何煩兩驛誠得合併可減費十之四五其一謂嵊例食台鹽道里險阻官鹽既經年不至而私鹽之禁又厲是使民卒不得食鹽也姚會鹽場與嵊接壤宜以彼鹽合商

告稅發嵊使窮民得以商鹽展轉貿易官民兩便書上皆不報改官去至都猶上書徧謁諸貴人爲嵊民請命卒無信者十年而兩驛併又十年而商鹽通其言大驗民益思之官至通判乾隆李志

張梅字元卿句容人嘉靖間以親老由舉人除教諭振刷學規督厲諸生非公事不得履縣庭有執贄進者問其家之裕否爲受卻性耿介不肯曲意令長曰我賓師也令長亦不能屈更加禮焉乾隆李志

黃積慶金谿人嘉靖間由貢授訓導布袍蔬食不事紛華以端嚴律己而待士則盎然和易士樂親之博學好古著有樂律管見行於世道光李志

江學曾青陽人由歲貢嘉靖間爲訓導受業王文成至嵊以致良

知啓迪多士士多興起性耿介取與不苟有詩名道光李志

林森侯官人由鄉舉嘉靖末知嵊早孤事母孝嘗語人曰始吾幼時毋憂吾不得長今長矣又憂吾老何以慰母惟勉爲好官耳嵊舊有糧長常例金森至首革之其政務恤困窮抑豪右定圖均役吏胥束手然不能曲意上官竟坐謫象山瀕行止餘櫝金數十曰此嵊金宜爲嵊費發修譙樓行李蕭然里老醵百金爲贐曰必橐中無一錢我心始安卒不受去官至知府乾隆李志

王言長樂人爲諸生時鄉邦重其行嘉靖間以歲貢任武康訓導遷嵊教諭動循禮法跬步必謹耄益精明與諸生談經書究析微奧陞教授去周志

薛周壽州人由歲貢隆慶間爲嵊令精沈有心計時水患洊至田缺糧浮周請度田均賦豪猾不能詭漏催科一遵條鞭而侵攬

之弊遂清民永賴之乾隆李志

吳祺無錫人由監生隆慶初官邑主簿祺素貧聚徒授章句至是歎曰簿所得俸視塾師不啻過之於分足矣又目其子曰兒癯不勝衣與過其涯將階之禍吾當以清白全汝五年常俸外不索一錢祺老成練達剛介不撓蓋近世卑官之麟鳳擢邑丞不就致仕乾隆李志

童夐甌寧人由監生隆慶四年爲嵊丞傴僂短小而性率直所操執卽豪貴不能奪知縣朱一柏之改濬溪流也委夐董役風雨不輟以勞瘁卒道光李志

朱一柏寧國人弱冠舉於鄉隆慶五年知嵊始至奉法循理人疑無治幹甫月有胥玩法懲之不數日一老胥抱牘陳事微言欲中以利又懲之人大信服糧里役於公者月有限非限令且去

卒無廢事讞獄平允往往導使自解而訟日以簡嵊向多科名時不舉於鄉者且三十年父老言宋時溪流環邑若抱今南徙矣文風不振職此之故一柏乃循故道計日興役鑿渠增埠引而歸之不數月河成又建亭星子峯於是進士人而詔之曰地道已舉盍修人道集士子於學宮厚其旣廩月凡三試親爲甲乙終歲無惰容士由是興於文行是科得雋者三人後駸駸以起云一柏胸無城府不矯飾以立名而令行禁止吏絕其奸民樂其生五年陞南京光祿署正歷官慶遠府知府道光李志

王天和字致祥吉安永豐人由歲貢隆慶間訓導萬歷間陞教諭在邑凡十餘年蚤遊鄒守益聶豹之門刻意學問砥礪名行至嵊首以冠婚喪祭古禮誨導諸生著全禮纂要使遵行之尤嚴居喪酒肉之禁舊鄉飲賓多富者而清貧篤行之士無聞天和

愼重不使濫與獨延禮布衣袁榜篤行有志操由是人知所勸諸生有貧不能喪葬者捐俸以助尤奬勵節義引拔後進與邑令議建名宦祠還學門增置廟器署邑事數月以廉能著爲忌者所中不獲薦用遷安南教授去嘗修邑志未就今究覈賢宦名實猶以其言爲折衷云道光李志

王汝源烏程人爲其邑唐一菴高弟以歲貢除嵊邑訓導學敦實踐動循繩尺與人柬牘必手書點畫不苟其小物克謹類如此授諸生性理講論不倦巡撫蕭廩少所許可獨稱其學行著有貢選二約性理圖書二述陞義烏教諭績益懋先是王教諭稱行素先生而汝源亦號憶素姓號同學行又同狀貌亦酷相類云道光李志

施三捷字長儒福清人由鄉舉萬歷丁未知嵊性彊毅事或便民

悉果行之善聽訟事至必剖民以不擾在任五年上官重之嘗捐俸倡建南門橋邑人名曰施恩署旁多種菊暇則吟詠著有澹園詩集陞順天府推官去民祠之南門橋首乾隆李志祀名宦

王志遠號升齋龍溪人由鄉舉萬歷壬子知嵊政尚惇大視編氓如赤子甫下車旱甚徒步祈禱奉檄領賑周歷僻壤在嵊五載循聲卓著陞判本府弟志遠先以進士判越嘗署嵊曉暢治體時稱漳水二難云乾隆李志祀名宦

王應期浙江通志作應朝字我辰六安州人由鄉舉萬歷庚申知嵊賦性剛敏奸猾望風屏迹事無鉅細言出即洞知肺腑與衆酬應歷歲月能一一舉其詞民詫爲神無繁刑重罰堂清如水嘗自銘其堂云天地好生動念須充不忍聰明忌盡凡事務留有餘試士公明所拔皆寒素二載調繁桐鄉去民祀之乾隆李志

陳士彦錢塘人由鄉舉爲嵊教諭以行誼造士士有好修者折節禮之持己廉介而賑恤貧士又惟恐不及署嵊邑篆有惠政尋以艱去歷官知縣乾隆李志

清

郭忱華州人由鄉舉知嵊剛斷能任艱鉅每有徵發委曲調劑萁寛民力台海之變士馬屯南郊者以萬計鞭笞勒犒胥役皆竄匿忱往來供億絲毫不以累民叛兵自餘姚走嵊提帥領兵追剿忱日夕馳驅山谷間心身俱困以中暑卒於官忱任事甫期月當士馬繹騷之際能恫瘝乃身而究以勞瘁死惜哉乾隆李志

龔自淑西安人順治間由貢任訓導有操守待士以禮捐俸構鄉賢名宦二祠及學宮戟門卒於官先一年喪妻命子扶柩去比卒一媳一孫煢煢無以殮知縣張逢歡贈櫬邑紳士醵金爲賻

乃得治喪歸　道光李志

張逢歡號玉臺閬中人居官廉靜周知民閒疾苦凡一利可興一弊可革無不悉心爲之康熙甲寅山寇胡雙奇金國蘭等乘耿逆之亂蠭起爲盜城內外播遷無寧宇逢歡多方捍禦集鄉勇爲團練長俾各保護而勢終不能制則赴郡請援會寧海將軍固山貝子福剌塔統兵征台州道經嵊邑逢歡以亂離狀啓貝子憫之給祿旗兵一千名命同參將滿進貴知府許宏勳分路進剿連敗之於開元長樂太平等處又親詣賊巢招撫餘黨嵊邑乃平顧鋒鏑之餘廬舍荒凉村無煙火逢歡休養而安集之課其農桑寬其力役卹其貧苦而民氣以甦又修輯邑志與學校官舍橋梁川澤諸大政以次俱舉嵊人至今思之與知府許宏勳並配祀惠獻王祠　乾隆李志

門有年博野人康熙初由歲薦爲丞釐剔奸蠹左右無敢撓捐俸修學宮兩廡力興文教每朔望至鹿胎書院與諸生講學孜孜不倦嚴飭婦女不得入廟禮佛風俗爲之一變後爲奸蠹所忌匿名訟府事雖得白而志不伸以疾卒乾隆李志

張宏字宥涵昌黎人康熙中由拔貢任新昌令二十八年兼攝嵊篆居官清勤愛養百姓秋毫無取嘗以數騎往來兩邑間興利革弊民共賴之明年竟以勞瘁卒於嵊從府志補

鄧巖貞臨海人以歲貢爲嵊訓導敦尚名教日以詩書課士性澹泊無所營亦不屑詭隨投時好嘗捐俸葺崇聖祠以疾卒於官諸生請祀名宦不報乾隆李志

朱宸枚字枚臣海鹽廪貢生補嵊教諭時學廨久圮僦居民舍宸枚平西廡荒山及豪民之侵佔者建屋七楹鑿池栽竹後乃有

寧守焉康熙丁亥大嵐山寇竊發擾及邑界宸枚督修戰具分守西城明年知縣趙珏奉檄監修貢院隨入闈委宸枚攝邑篆會大水極陳百姓被災狀大吏勘實請題糧得減免宸枚力也嘗捐俸葺大成殿左偏築明倫堂圍垣又助知縣宋斆建義塾置田延師以課士文風以振辛丑以公事赴郡卒遠近惜之乾隆李志

王勳蔭號敬庵籍大名本山陰人合嵊果毅能任事寛以撫民而馭胥役甚嚴性耿直凡豪右之武斷鄉曲者痛繩不稍徇坐是被誣罷職遠近冤之乾隆李志

徐匡字漢衡嘉定舉人知嵊五載催科不擾訟減刑清民皆賴之善賦詩每公事至鄉過山水佳處即豪吟寄志嘗自銘柱云關節一毫無地入公平兩字有天知又云居養無殊蓬戶日擔當

恐負秀才時又云五斗米可以有爲倘爲身家安得人呼父母一文錢不容苟取若朘膏血豈非自食兒孫可想見其操持矣後以計典降調去人多惜之乾隆李志

宋斆字約齋長洲人由貢生知嵊年少善決獄康熙辛丑大旱斆捐俸募賑設粥廠於城鄉自十二月至明年三月所全活以萬計有僧俗爭田者例應入官斆以四十三畝歸義塾以三十畝歸清風祠嘗濬朱公河又請增歲科入學額四名雍正二年以父濟寧道虧空撤回另補乾隆李志

張泌字清之上谷人雍正初以舉人令嵊居官廉能政暇進諸生與之飲酒賦詩相得甚歡言涉干請輒怒形於色甚或立屏去之任事有幹局以峭直不阿上官謂其短於吏治擬調學博尋以他故罷去乾隆李志

王以曜太行人雍正間以舉人令嵊敏於政案無留牘喜與士論詩文甫蒞任首捐俸重建學宮兩廡戟門士多向風輪助未訖事調武義去邑人至今稱之乾隆李志

傅珏字連璧奉天人雍正間以拔貢令嵊性明敏能以片語摘民隱人稱平允居官四年凡學宮祠宇署廨譙樓咸撤而新之調慈谿令去攀轅而送者直至三界傳爲去思盛事乾隆李志

楊玉生字雲章三原人雍正間以保舉題署嵊邑操行廉潔銳於有爲尤加意造士捐俸購民房倡建義學延師聚弟子課之不一載以外艱去道光李志

陳天寅富陽人歲貢生除訓導制行端恪論文一規先正親授諸生經從遊日衆一日失俸銀十兩衆咸知爲某請斥之天寅曰斥之則辱之矣毋以此區區者隳人名行蓋溫厚和平多類是

三載卒於官乾隆李志

李以炎字崑山廣西博白人康熙甲午舉人乾隆四年以卓異由湯溪調嵊修學校建橋梁纂邑志政尚慈惠邑人德之六年兼攝山陰篆歷任三邑皆有異政云道光李志

莊有儀鶴山人乾隆三十二年知嵊剛正廉明幹練有爲嘗倡捐修築城垣又率紳士修葺聖廟廊廡戟門泮池士民頌德政聲籍然會兄有恭巡撫浙江回避調去道光李志

唐仁埴字拓田江都人以詩名乾隆間令嵊剛毅明斷案無留牘父辰衡任迤西道病歸迎養盡孝凡事必稟命偶有怒即伏地請罪色霽乃起雖書役在旁勿顧也嘗倡修至聖廟朱文正公爲之記邑西大仁寺僧爭產公析爲三一建輔仁書院給膏火一充合邑鄉會試費餘歸寺僧士林悅服以卓異薦累陞開歸

陳許道所至有政聲道光李志

周鎬金匱人績學通才幹練精敏乾隆六十年莅任時塘坑山廠爲賊匪藪聚衆幾百人捕役不敢入鎬購線率土人搜捕治如法餘衆解散爲政寬猛兼濟釋株累懲奸胥綏善良抑豪右輿情洽甚嘗夏旱躡屩詣龍潭涕泣祈禱大雨隨至咸以爲誠感云任時士民祖餞塞途有泣下者累陞漳州府知府道光李志

言尙熙字春圃常熟人道光辛卯冬以通判署縣事善決獄摘奸發伏多奇中吏民不敢欺每鞫讞聽士民環觀之俾知所懲警嚴禁娼賭闔境肅然同治志

楊召字純樵六安州人由舉人大挑署嵊篆性溫厚勤吏治愛民禮士歲庚子夷人擾甬東急葺城垣晝夜程督雖勤忘疲時承平日久民聞變驚惶大兵進勦絡繹經嵊召外辦供億內資鎮

撫兵不爲暴民賴以安同治志

敖彤臣字丹崖四川榮昌人咸豐辛亥間以進士署嵊篆時嵊多豪民弱肉強食彤臣抵任捕其尤者寘於法羣兇屏息前令皆後堂聽事彤臣必公服臨外堂發奸摘隱剖決如流又修城垣興學校巡視各鄉隄䃶督濬之雖瘁勿恤也數月邑大治將調任邑紳乞留格於例不允旋擢同知軍興委辦糧臺以憂勞卒同治志

李道融字檢齋河南夏邑人道光乙未進士咸豐壬子令嵊廉明善斷民不能欺性長厚歷任浙中劇邑垂三十年不戮一人尹新昌考滿將歸阻粵寇僑居剡東林卒著有郭畏齋春秋說集解強恕堂今古文稿行世同治志

嚴思忠號懷白丹徒人咸豐己未舉人同治七年冬署邑篆性慈

祥而練於吏事人不敢欺尤好植士類興文教月課士子三案牘稍暇輒丹黄甲乙漏下四鼓不少休遴其優者捐廉以餼士論翕然歸之兵燹後文獻闕佚甫下車卽以纂修志乘爲己任他如拓養濟院以恤孤窮嚴更巡令以弭盜竊惠政及民罔弗感者九年二月杪有天台龐姓者病狂闖署嚴與妾王氏俱爲所害女大姑聞變救護被戕尤慘事聞奉旨以孝女旌邑人爲立嚴孝女祠同治志

李承湛字竹君大興人咸同間典史北門外田地賴溪水引灌蓄洩無方民苦之承湛繪圖作說請大吏發欵自朱公橋下開鑿支流於是旱不患涸水不患潦民德之名之曰官河新纂下同

楊鍾俊字筱齋江都人光緒時知縣邑東金雞嶺黄連潭遇旱旁近農民爭水率先鬨而後獄自道光以來五六十年官莫能決

爭水者世爲仇歲壬辰夏旱勢洶洶且鬨鍾俊聞減輿從夜馳赴之召爭者曉以利害巡阡陌視形勢爲之均水爭者服鄉人感之肖像以祀

丁艮翰字佑宸濰縣人光緒間知縣是時鄉里睚眦擒人牽牛成爲習艮翰受詞立書手諭集訊不假吏胥不稽時日實究誣坐惡俗爲一變里豪設席具柬斂銀錢曰開賀不餽者或中以他事貧乏苦之艮翰曰是非細故因懸爲厲禁嘗度惠獻祠廢址創築罪犯習藝所以爲執一技能謀衣食則廉恥自生今日爲罪犯異日卽良民也邑西創陽山學堂籍安國寺田爲學產寺故爲安某窟穴前官調兵捕兵卻安某益張以故學堂無所入艮翰火其寺佃者遂環納租先是艮翰任縣事家丁比書吏鬻詞訟邑人愬大府去之及是復任卓然稱能吏尋丁外艱歸宦

槖蕭然

劉慶林字佐廷樂定人提標練軍正中營管帶初慶林遣哨官李逢春駐嵊光緒丁未七月裘文高等嘯聚廿八都逢春捕之直擣其穴裘文高等以鎗拒逢春飲彈死嗣是慶林來駐嵊十月文高率仙居二百餘人踞白竹慶林馳擊之陣前家坑鎗殺其黨二十餘人會日暮文高衝陣出短兵相接慶林受創死哨官楊泰華兵士劉必全等八人殉閱二年文高伏誅邑人與今管帶王國治建祠鹿胎山祀慶林曰劉公祠以李逢春楊泰華配劉必全等祔

留績

唐

張伯儀魏州人以戰功隸李光弼軍浙賊袁晁反使伯儀討平之功第一擢睦州刺史後爲江陵節度使除右龍武統軍卒贈揚州大都督唐書　乾隆李志云寶應元年台賊袁晁爲亂往來嵊邑伯儀平之

王式太原人舉賢良方正爲安南都護諭蠻寇定交阯變歸質外蕃占城眞臘慕義悉入貢大中十四年浙東賊裘甫等攻陷象山官軍屢敗明州城門晝閉進逼剡縣浙東騷動觀察使鄭祗德遣討擊副使劉勍副將范居植將兵三百合台州軍共討之正月乙卯與裘甫戰於桐柏觀前范居植死劉勍僅以身免乙丑甫帥其徒千餘人陷剡縣開府庫募壯士至數千人越州大恐鄭祗德遣牙將沈君縱副將張公署望海鎮將李珪擊之二

月辛卯與甫戰於剡西賊設伏三溪之南而陳於三溪之北壅溪上流使可涉既戰陽敗走官軍追至半涉決壅水大至官軍大敗三將皆死於是山海諸盜及無賴亡命之徒四面雲集衆至三萬分爲三十二隊其小帥有謀略者推劉暀勇力推劉慶劉從簡羣盜皆遥通書幣求屬麾下甫自稱天下都知兵馬使改元羅平聲震中原朝庭知祗德懦怯議選武將代之宰相夏侯孜曰浙東山川幽阻可計取不可力攻西班無可語者前安南都護王式雖儒家子在安南威服遠近可代也遂以爲浙東觀察使又詔發忠武義成淮南諸道兵援之除書下浙東人心稍定裘甫方與其徒飲酒聞之不樂式分軍東南進討與賊十九戰皆捷又分軍海口以拒之六月甲申賊從黄罕嶺復入剡名勝志云裘甫從王愛山入剡通鑑謂黄罕嶺者誤壁其東南府中聞甫入剡復大恐式

命趣東南兩路軍會於剡辛卯圍之賊城守甚堅攻之不能拔諸將議絕溪水以渴之賊知乃出戰三日凡八十三戰賊敗請降諸將以白式式曰賊欲少休耳益謹備之功垂成矣賊果出又三戰庚子夜裘甫劉暀劉慶從百餘人出降遥與諸將語離城四十步官軍疾趨斷其後遂擒之甫等至越州式腰斬暀慶等二十餘人械甫送京師剡城猶未下諸將以擒甫不獲設備劉從簡率壯士五百突圍之諸將追至大蘭山從簡據險自守秋七月丁巳諸將攻克之台州刺史李師望募賊相捕斬以自贖所降數百人得從簡首以獻諸將還越八月裘甫至京斬於東市加王式檢校右散騎常侍諸將官賞各有差其後弟龜復爲浙東觀察使人皆舞蹈迎之乾隆李志　唐書本傳裘甫作仇甫又王起傳起子龜式似式爲弟矣　祀名宦

宋

劉韐字仲偃崇安人宣和初知越州睦寇方臘爲亂連陷州縣嵊令宋旅戰死壯丁爲俘廬舍悉燬明年韐將兵掃除督令張誠發繕城以守未幾賊黨復至掩殺幾盡建議於白峯嶺置長樂寨守之嵊乃平後死靖康之難舊志作劉述古按府志宣和初爲越守擊敗方臘者爲劉韐而無述古名且舊邑志宋旅傳云旅死寇難越帥劉韐上其事則述古即韐無疑矣豈以韐曾爲述古閣直學士而誤以官爲名耶今改正又長樂寨與白峯嶺相去四十里不得併而爲一當是奏置白峯寨并置長樂寨耳 劉韐爲述古閣直學士見劉氏宗譜

朱熹婺源人淳熙中知南康軍提舉常平鹽茶公事會浙東大饑王淮奏改浙東即日單車就道鉤訪民隱凡丁錢和買之政不便民者悉釐革之上謂王淮曰朱熹政事卻有可觀宋史 乾隆李志熹始拜命即移書他郡募米商蠲其征比至米已輻輳行部乘輕車簡御徒秋毫不及州縣雖深山窮谷捐循不遺官吏憚風采

有解印綬去者所部肅然明年正月入嵊三界發米六萬八千石奏劾優漁官米指揮使荒政克舉民賴全活

黄由字子由長洲人淳熙八年中進士第一通判紹興督行荒政於嵊改糴爲賑發米五萬石與民不取直嘉定初以正議大夫知紹興時嵊有虎患訛言虎有神或變爲僧或爲猿狙倏忽莫可蹤跡由禱於神募人捕之殄滅無遺民賴以安仕至刑部尚書兼直學士院自號盤隱居士萬歷府志

元

游僎紹興路判官泰定元年越旱饑嵊邑尤甚僎奉檄來賑初發官廩賑給饑民凡四千八百餘人不足則募諸富民又不足則市米他邑親至鄉村散給之所全活以億萬計山陰韓性爲之記周志

明

龐尙鵬廣東人嘉靖四十五年巡按浙江時嵊苦東關力役受役者輒傾其家尙鵬酌爲定費均派丁田每歲輸銀入官合執事者領辦民以免累爲立專祠春秋祀之乾隆李志

蕭廩字可發萬安人萬歷十二年巡撫浙江憫嵊東關役曰吾以是不平者屢屢顧其事未易言終不可無言姑須之無何入爲兵部侍郎卒民聞之淚下並祀龐尙鵬祠先是嘉靖間有顧廷對者宦湖中奉部使者檄往來台紹間過東關聞夫廩多輸自嵊旣入嵊則供夫廩者仍嵊人廷對愀然曰奈何一邑而兩役之民必不堪受之者能宴然耶作尹湖末議以明其事人並感之乾隆李志

清

趙廷臣字君鄰鐵嶺人康熙初總督浙閩澄清夙弊四年八月行

部至嵊革除苛派歲省民資數千金而度田均賦毋使擒虔吏上下其手造福於嵊更巨及卒民哀思之乾隆李志

寧海將軍固山貝子者名福喇塔宗室輔國公裴揚武子也康熙十三年靖南王耿精忠繼吳三桂尙之孝叛於閩先寇浙東上命和碩康親王佩大將軍璽符固山貝子爲寧海將軍偕往督師八月師次杭州時金衢溫處賊兵充斥山寇乘間蠭起貝子與康親王密籌方略未啓行而台州告急矣貝子曰台州爲取溫入閩要地賊帥曾養性朱飛熊皆渠魁也非某往不可遂辭康親王赴台途次聞賊棲嵊貝子曰賊以天兵方問罪於閩故橫行無忌緩之適以害民於是以兵一千授參將滿進貴知府許宏勳知縣張逢歡進勦未至嵊而賊趙沛卿邢其古等已陷城刼庫焚公廨矣急令滿進貴張逢歡統師擊之凡殺賊百數

十餘黨奔潰貝子給把總馬國常戍兵二百名令防守縣城而檄參將滿進貴知府許宏勳都司王德輔守備周鳳滿明候知縣張逢歡領馬步兵分路進勦大敗僞總兵俞鼎臣於沼湖追至蔡家灣九里泉戮僞副將以下四人越三日復擊之生擒賊首董懋斬首七百餘級賊奔崇仁富仁等鄉越五日又及之賊復逸至太平長樂開元等鄉貝子嚴檄督戰進貴等益用命分兵奮擊大破之斬首一千餘級奪還俘掠無算釋良民之被脅入賊者一百七十五人民慶更生無何僞總兵俞鼎臣趙亦賢等復招合潰兵溯剡溪而上沿途刼殺貝子曰是當以智取也乃佯檄班師大會僚屬置酒作樂賊偵知亦劇飲不設備至二鼓密遣進貴等統兵三路進擊生擒邱恩章趙沛卿等之有名號者七十餘人悉斬以徇而楊四黃茂公等潛竄上虞餘姚等

處貝子召許宏勳張逢歡諭之曰嵊雖平然崇山峻嶺此輩尙多安保其不復爲患今台州告警未可頓兵善後之策是在守合當念今之流賊卽昔之良民半以饑寒被脅殺之可憫宜勦撫兼行毋純任武宏勳等率紳士深入賊巢宣諭德意一時領衆歸順者不下億萬咸頌貝子之仁武不殺也貝之慎於用兵慮出萬全而後動故每戰必捷台溫寗處諸郡以次恢復卒以盡瘁薨於福建行省時康熙十五年十一月二十七日也康親王疏奏奉旨貝子係朕宗室爲國勤勞軍前病故誠大可矜諭祭建碑賜諡惠獻浙閩多祠祀之嵊人向設位於惠安寺春秋致祭乾隆五年更建專祠以報功德云乾隆李志

許宏勳字無功又字元公遼陽人以父爾顯蔭除刑部員外歷雲南順寗知府丁艱起復補紹興康熙十三年耿精忠反福州浙

東羣盜並起連陷諸暨嵊縣新昌七月攻郡城時副將許捷玩寇方娶婦置酒張樂宏勳毅然曰古太守任兼文武我當受難乃去冠服服短褐持尺刀周視城垣賊至挺身先上麗譙民競持杖不呼而集且萬數命紳士分門登陴巡堞傳餐人人歡呼願死守賊攻常禧門何守備戰於斑竹菴不利而退賊遂圍城乃出家丁及民壯數百人分兩道出斬首數百級溺死者無算次日賊攻五雲門宏勳啟門親督壯士擊賊會城援兵又至賊解圍遁八月郡兵東討上虞餘姚大嵐山宏勳慮破賊日山民橫擢鋒刃乃隨軍單騎至大嵐山絕頂諭降賊齊聲曰此神人也咸卸甲去九月寧海將軍固山貝子率師徇台州巡撫提督以宏勳知兵命從行至嵊縣偕參將滿進貴由仙巖取道進攻長嶺連破太平長樂開元蔡家灣諸砦賊勢大衰至貴門山班

師計陣斬及生致僞文武各數十人賊首數千級獲資械無算
宏勳慨赤子蹈水火列榜招諭降其餘衆萬餘新嵊悉平而前
所遣僚屬分將西擊蕭諸羣寇者亦皆克捷八邑靖焉總督李
之芳疏薦陞浙江按察副使分守紹寧累官河南布政使司卒
於官乾隆李志

嵊縣志卷十終

嵊縣志卷十一

選舉志 薦辟 進士 舉人 武進士 武舉人 貢生
畢業生 仕籍 保舉 職銜 武職 封蔭

舊志稱剡川爲棲隱之鄉自安道卜居堅辭徵辟思曠元度貧頴重輝外此罕有彈冠者典午以降始稍稍有聞唐宋以來寖盛焉綜其實不然蓋自漢代選孝秀舉賢良至魏晉尙門第隋唐用科目歷宋元明清其試士之道各殊而得人之盛則一雖窮鄉僻壤往往有俊傑瑰偉之士出於其閒人才寧囿於風土哉然以余所見郡邑諸志所載唐宋以前鄉賢名宦大率寥寥數人而止耳不獨選舉然也綿世寖遠文獻無徵故邑乘之紀人物恆古略而今詳光嶽常新山川猶昔固未嘗以時代爲顯晦也若夫清流物望標映一世斯則人外超然固不待科第以爲重矣作選舉志

薦辟咨議局　商會附

宋

文獻通考宋制丹陽吳會稽吳興四郡歲舉四人餘郡各一人

阮萬齡侍中見鄉賢傳

齊

玉海齊策秀才格五問並得爲上四三爲中二爲下一不合與第

朱士明舉秀才見鄉賢傳

黄僧成居三十三都景明中官安南將軍　按齊無景明年號惟北魏宣武初建景明茲姑仍舊志

王　衡字孟平羲之之後居孝嘉鄉黄門侍郎義興太守

梁

六典注梁武帝欲求後進五館生皆引寒門俊才即今之進士也

張　嵊見忠節傳

隋

張茂先嵊之後官洗馬

隋書開皇二年詔舉賢良十八年詔以志行修謹清平幹濟二科舉人玉海大業三年詔十科舉人始置進士科

唐

許丑詢之後官祕書郎

張欽若嵊之後貞觀中官鳳翔府尹

張復之嵊之裔官尚書郎以上年分失考

唐書選舉志唐制取士之科多因隋舊其目有秀才明經俊士進士明法明算等科此歲舉之常選也其天子自詔曰制舉所以待非常之才焉

宋

開寶

宋史選舉志制舉無常科所以待天下之才傑太祖始置賢良方正直言極諫等科景德四年增置博通墳典達於教化等科仁宗初又置書判拔萃茂才異等諸科

童蒙初居裏坂里授景陵令

熙寧

周忠和字思溫居開元鄉通文學兵略熙寧丁巳薦授度支使紹興乙亥贈三司大將軍

大觀

王宏基字立本居孝嘉鄉舉明經授亳州教授宣和間官國子直講祕書省正字

周宗字從海居開元鄉薦授翰林院中書陞大理寺評事贈亞卿

姚宏舜明子見鄉賢傳

黃日字奇二穀來人授總幹

紹興

呂祖見鄉賢傳

求多問字守謙居禮義鄉高宗時收伏魔寇薦補承信郎監常熟商稅事

錢宇之字光疇本臨安人靖康之亂侍父奎徙嵊剡源鄉應賢良方正直言極諫科授國子助教

隆興

張　俁見鄉賢傳

淳熙

周德修以父勳授官慶元中擢國子監助教

嘉泰

周　峻字景威宗之孫博涉經史薦授兩淮浙東總幹有政聲贈嘉議大夫舊志作俊誤

嘉定

錢揚祖守之之孫瑠田人舉博學鴻詞科授廬陵令陞吉安守

邢　宜居太平鄉舉博學鴻詞科仕婺州通判

紹定

張　愻俁之子見忠節傳

商日新見鄉賢傳

史　昱字廉夫薦任兩淮幹辦公事兼提刑獄以伸理寃獄有聲陞大理評事

胡　岳字伯仁居花嚶理宗時薦授台州路教授陞定海知縣

端平

錢揚祖字振芳植之子長樂人天台籍端平中擢儒科朝廷以吳越王裔孫特賜文華殿第一未授官以疾卒於旅邸許志云由鄉薦魁南宮按與宇之之孫同名異派舊志併作一人誤今據墓誌銘及錢氏譜分纂

景定

錢　弼字文佐宇之曾孫詔崇經術考德行累官嘉興軍節度使僉判

周　寬居開元鄉應右科累官廣南節度使僉判

咸淳

王昌允字文子居孝嘉鄉薦授河陽尉轉保寧軍節度推官宣城知縣

張子襲嵊之後由漕貢進士官至秉議郎差監右騏驥院

王伯昌字公盛居孝嘉鄉累官沿海制置司參議

單庚金見鄉賢傳

周志云以上三人不知其歲次姑附於此考王氏譜伯昌居忠節鄉至元十四年進士初授嚴州軍事

高夢得字艮輔太學生官福建閩清縣知縣始居南渡

元

判官改御史臺檢校遷沿海參議

周天祥字麟之行成一薦授臨安縣教諭至元十一年棄職歸剡爲剡人

至元

續文獻通考皇慶二年詔天下州郡縣察舉孝廉賢良方正又詔經明行修儒術醇謹等結狀保舉

錢淓字與祖宋僉判弼之子應求賢詔授諸暨教諭改江山學

胡宗道居東隅見鄉賢傳

高禮夢得子由甲午鄉貢官新昌教諭

元貞

高祐夢得子字靜菴由甲申鄉貢官開化教諭

至大三年

夏推字勉誠聰穎博學薦授江西龍興路稅課司提舉時權利太急引疾歸

至大四年

周承祖字紹立宋教諭天祥子薦授儒學提舉

王君盛薦授江西路提舉

後至元

寧崇字志高薦授漳州路提舉

宋鐵字秉心居集賢坊宋令宗年之後以善詩文薦授蕭縣教導

至正

喻子開以人才薦授四川副使

王斗機字吉甫居孝嘉鄉薦授汀州路教諭

王碩字景蕃居孝嘉鄉薦授蕭山教諭

舒奎字文昌居西鄉以博學能詩薦授諸暨訓導

錢晁字一中嶎之孫元季舉孝廉授本府經歷洪武初官博興知州

王宲孫居孝嘉鄉以儒術薦任贛州大使時翰林學士趙孟頫書六偈以贈府志作授翰林學士誤

錢益字東之延祐中以薦授東陽學政

明

續文獻通考洪武初詔各府州縣薦舉賢良方正及山林隱逸之士六年詔罷科舉專用薦辟有經明行修懷才抱德等

自永樂至隆慶間皆令所在有司保舉選用

洪武三年

張思齊以孝廉薦授陝西參政

龔文致字志端舉懷才抱德科授河南按察使經歷

張翰英舉懷才抱德科授知縣

洪武四年

趙友誠兵部主事改合肥丞　府志作友諒

王美舉孝廉科授襄陽同知

喻顯中舉人材科授榆次典史

王璘見隱逸傳

單復亨見儒林傳　府志作復亨誤

洪武五年

周佳字元美舉人材科授福州同知

洪武十三年

竺濟字汝舟居清化鄉舉賢良方正科授福州知府　按濟原名元鼎字汝舟舊志載字佚名

洪武十五年

王文鉉字鼎仁舉賢良方正科授侯官縣丞　通志作知縣

洪武十六年

王　佐字子彥舉賢良方正科授合浦知縣

錢　莊字則敬舉懷才抱德科任本縣訓導

洪武十七年

應均立宋邑令彬之後舉賢良方正科授廣東鹽課提舉

韓信問字用敬俊之弟薦授雲南經歷

洪武十八年

宋思義舉人材科授洪洞知縣

盧允中舉人材科授西寧衛知事死寇難

洪武十九年

竺　班名得義舉孝廉科任淮安知府　竺氏譜名珏

洪武二十三年

張元操字原輝舉賢良方正科授登州同知　舊志書字佚名

洪武二十四年

喻克銘由耆老薦授涇縣知縣

洪武二十五年

單季元復亨弟舉明經科授處州通判

卜宏德居西隅舉賢良方正科授山西監察御史

屠任見鄉賢傳

洪武二十六年

邢汝節舉人材科授永州同知　乾隆李志作廣州

洪武二十七年

應彥昌舉明經科授嘉興教授

洪武二十八年

劉大序舉賢良方正科授荊州同知

洪武二十九年

尹克成舉經明行修科任國子監學錄　許得吉舉懷才抱德科授僉事

洪武三十一年

單斯泰舉懷才抱德科任海康知縣

洪武三十二年

沈信年居西隅舉經明行修科任廣西布政司左參議　史進賢舉懷材抱德科任萬寧縣丞

王　滮字施道薦授宣城縣丞通志作舉賢良方正科著有宣城稿

黃彥通居穀來莊舉人材科授新會縣巡檢給事俞騶復以節操舉爲嘉興知縣　按以上三人俱嵊人李府志俱作新昌人誤通志以史進賢王滮爲嵊人而佚黃彥通

永樂元年

高時澤舉經明行修科入國子監母老乞歸

永樂三年

張　遯字宜中舉經明行修科任谷府紀善遷長史工篆隸

永樂六年

袁均正由人材薦授萍鄉知縣

永樂十五年

王胥道以楷書薦府志入歲貢　舊

宣德四年

李克溫居靈芝鄉以讀書知律薦授當地驛丞

正統二年

王　蘭字元芳居忠節鄉以經明行修薦任本縣訓導

正統四年

張士服居清化鄉讀書好古諳琴畫舉賢良方正科授錦山驛丞

正統六年

韓　啟字景明俊之子以經明行修薦授秀水訓導遷德府長史

景泰元年

韓　昇字景魁啟之弟舉賢良方正科任蒼梧知縣

景泰八年

王　鼎蘭之弟舉賢良方正科授臨清縣丞

天順二年

史　昶字國通居清化鄉舉賢良方正科授侯官縣丞　舊府志作知縣

天順七年

任　疇居二十二都就職巡檢不仕子和授知事　單汝信薦授教諭　乾隆李志入歲貢而舊府志亦渾稱洪武時舉懷才抱德科今據周志改正

據周志補

成化十九年

任　程居二十二都納銀就職八品銜據周志補

清

康熙十八年及乾隆元年兩開博學鴻詞科雍正間詔舉賢良方正及品行才猷可備任使者嘉慶元年道光元年並詔舉孝廉方正及山林隱逸之士

乾隆二十二年

陳文組錫翰次子　南巡召試一等授內閣中書改名華組

宣統元年己酉

周翰臣舉孝廉方正

宣統三年辛亥

陳錫金舉孝廉方正

諮議局議員清季籌備立憲省設諮議局由各縣公民選舉初選當選若干人復由當選人赴複選區選舉

諸議局

議員

宣統二年庚戌

趙鏡年字佩容居甘霖鎮

盧觀濤字枚卿居城東隅

商會清季始有商會之組織省設總會縣設分會各有總理一人由農工商部通札委任之

宣統二年庚戌

董懷勛農工商部札委爲浙江嵊縣商務分會總理

進士

宋

宋史選舉志宋之科目有諸科而進士得人爲盛

天聖五年丁卯王堯臣榜

史　綸居四十三都官屯田員外郎

景祐元年甲戌張唐卿榜

史叔軻綸之子縣官刑部侍郎

慶歷二年壬午楊寘榜

茹　約

皇祐五年癸巳鄭獬榜

姚　甫　　茹　開

嘉祐四年己亥劉煇榜

姚　勔見鄉賢傳

熙寧九年丙辰徐鐸榜乾隆李志作壬戌誤道光李志據通志改正

史安民綸之從子官中大夫

元祐三年戊辰李常寧榜

吳　孜居三界見義行傳府志作蕭山人

元祐六年辛未馬涓榜按淳祐志乾隆李志俱作馮涓榜道光李志據通志府志改正

黃　特頤之子宣城令政和八年由朝散大夫知婺州軍事

紹聖元年甲戌畢漸榜

求移忠字許國歷官吏部尚書轉朝議大夫

紹聖四年丁丑何昌言榜

姚聖明見鄉賢傳

崇寧二年癸未霍端友榜

求元忠移忠弟由仁和縣主簿轉知義烏後知衢州改知臨安府贈通奉大夫　姚棐忱字天迪永康知縣

大觀三年己丑賈安宅榜

過　卓昱之子知縣

重和元年戊戌王昂榜府志乾隆李志作政和戊戌嘉王榜道光李志據通志改正

姚景梁

宣和三年辛丑何煥榜舊志作二年誤

黃　時一名唐傑特之弟官信州通判

宣和六年甲辰沈晦榜

趙子潚官龍圖學士知泉州據通志府志補見鄉賢傳

紹興十二年壬戌陳誠之榜舊志作十三年誤

馬　佐字廷輔累官文華殿學士　張　攄府志歸姓馮

紹興十五年乙丑劉章榜

茹紹庭　　黃昇

紹興十八年戊辰王佐榜

周汝士官左奉議郎見鄉賢傳　　茹驤居集賢里

紹興二十七年丁丑王十朋榜

周汝能鄞縣主簿主陞宗院　　姚筠

紹興三十年庚辰梁克家榜舊志作三十二年誤

姚廷袞

隆興元年癸未木待問榜

趙師仁

乾道五年己丑鄭僑榜

王叔瑀居忠節鄉由朝散大夫知衢州事周志作王瑀在乾道間不知其年通志府志通作乾道八年乾隆李志據王

氏譜訂正今按王氏譜叔瑀居孝嘉鄉

乾道八年壬辰黃定榜

高宗商改名商老　　任惟賓通志府志俱作惟寅乾隆李志按舊志作乾道五年進士今從佛塏題名張元忭府志改正

姚　憲舜明子是年八月賜同進士出身見鄉賢傳

淳熙二年乙未詹騤榜

周之綱汝士從子任婺州教授　　桂　森

唐　琦

淳熙十一年甲辰衞涇榜

白公綽字仕優丹陽縣丞周志作公焯　　姚一謙

淳熙十四年丁未王容榜

石宗萬官兵部尚書　　周之瑞之綱弟官荆門軍學教授

應　夔縣令彬之子官翰林承旨　郭　綽見儒林傳

紹熙四年癸丑陳亮榜

宋叔壽

慶元元年乙卯鄒應龍榜乾隆李志作二年丙辰道光李志據通志改正

石宗魏宗萬弟府志建昌教授　石孝溥周志按宗魏宗萬孝溥孜他志爲新昌人

王復明居小柏里官中書科中書舍人　舊志載剡姑從之

慶元五年己未曾從龍榜

茹　騤官安福縣丞

開禧元年乙丑毛自知榜

盧補之　申宋説

任必萬官參議　過文煥揚州通判

田　廙以上五人通志府志俱作上虞人舊志載

剡姑存之

嘉定元年戊辰鄭自誠榜

周之章之瑞弟

嘉定四年辛未趙建大榜通志作建夫

茹彧　滎熙辰

錢難老

嘉定十年丁丑吳潛榜

姚鏞見儒林傳　周宣子之綱弟

錢繼祖字承志植之子天台籍嘉定十年特賜同進士出身

嘉定十三年庚辰劉渭榜

過必寀

嘉定十六年癸未蔣重珍榜乾隆李志作仲珍道光李志據通志府志改正

周溶孫宣子之子

紹定二年己丑黃樸榜乾隆李志作王朴道光李志據通志府志改正

任　貴必萬子知縣

呂　諒祖璟子歷官制置司參議

張崧卿俁之孫累官承議郎沿海制置司參議乾隆李志作俁之子道光李志據張氏譜改

張飛卿崧卿弟通直郎

勞崇之

紹定五年壬辰徐元杰榜

王鵬舉居小柏里歷官淮東制置司幹辦公事通志府志作明舉

趙汝崖通志府志作汝厓

過夢符參軍

王景壽

嘉熙二年戊戌周坦榜舊志作元年誤

過正己文煥弟官參軍

屠雷發字聲伯觀察使朝請大夫主建昌軍仙都

尹鳳梧官大理寺評事　　觀

淳祐四年甲辰留夢炎榜

朱元光通志作光元　　楊光之題名碑作光子

陳肖孫戶部郎中　　李士特

淳祐十年庚戌方逢辰榜

商又新字德孚官紹興撫參　　錢文姚先名述祖字舜芳揚祖弟天台籍第進士任慶元府慈溪縣丞

董元發通志作童元發

寶祐元年癸丑姚勉榜

毛　振　　應　瑜

錢　恢據通志府志補

開慶元年己未周震炎榜

陳　碩字台輔先世東平人南渡時徙嵊以儒傳　　劉瑞龍

家授春秋於石宗魏官臨安府判忤賈似道罷

景定三年壬戌方山京榜

許　㮚見鄉賢傳　　張　霆

咸淳元年乙丑阮登炳榜

趙　炎見鄉賢傳　　趙　嶸

俞　相或名德　　高子埜

咸淳四年戊辰陳文龍榜

朱士龍　　朱得之士龍姪

商夢龍見官蹟傳

咸淳七年辛未張鎮孫榜乾隆李志作張鎮今據通志府志改正

吳觀道居德政鄉累官崇文殿學士

尹仲亨居東隅官員外郎　　相起巖德裕元年補訓武郎後仕元爲福州知府

尹仲寧官通判

以上三人皆宋進士科分未詳

元

元史選舉志至元十一年議行科舉分蒙古進士科及漢人進士科皇慶四年會試蒙古色目人作一榜漢人南人作一榜第一名賜進士及第從六品第二名以下及第第二甲皆正七品第三甲以下皆正八品兩榜並同元統癸酉左右榜各三人皆賜及第餘賜出身有差

泰定元年甲子張益榜

費　述守元明鄮山書院山長府志

至正十一年辛卯文允中榜

許汝霖見鄉賢傳

明

洪武四年辛亥吳伯宗榜

續文獻通考洪武三年詔開科舉使內外文臣皆由科舉而選正統二年令開科不拘額數

董時亮居竹山里臨邑縣丞初爲諸生時建議重興二戴書院稱義舉

洪武十八年乙丑丁顯榜

王寄生歷官雲南左布政司通志府志俱作繼生

永樂十九年辛丑曾鶴齡榜

章信宗字守誠居德政鄉歷官監察御史廉慎有守三巡卒於任囊無長物僚友賻贈乃得歸葬

永樂二十二年甲辰邢寬榜

龔　璉字廷器居坂田官主事

景泰五年甲戌孫賢榜

謝　廉見鄉賢傳

成化八年壬辰吳寬榜

王　暄見鄉賢傳

成化十四年戊戌曾彥榜

鄭仁憲大興籍天長知縣配享包孝肅祠
成化二十年甲辰李旻榜
丁　哲見鄉賢傳
宏治三年庚戌錢福榜
陳　珂累官大理寺卿通志作杭州衛籍
宏治十二年己未倫文敍榜
周　棨字國信蕭縣知縣
正德六年辛未楊愼榜
金　鯉累官按察司副使
正德九年甲戌唐皐榜
張邦信字德孚任刑部主事歷陞廣西桂林道好名義不下於人以亢衡巡按歸善詩多所吟詠
正德十二年丁丑舒芬榜

杜民表見鄉賢傳

嘉靖十七年戊戌茅瓚榜

王　烱宇廷輝居小柏里貴州中式官同知　王氏譜烱作文烱由王府奉祠正遷長史歷陞禮部侍郎

嘉靖二十三年甲辰秦鳴雷榜

裘仕濂見鄉賢傳

嘉靖二十六年丁未李春芳榜

邵惟中授行人遷南道御史累官太僕寺卿致仕

嘉靖二十九年庚戌唐汝楫榜

喻　聚見孝行傳

萬歷五年丁丑沈懋學榜

董子行見鄉賢傳　　周汝登見鄉賢傳

萬歷八年庚辰張懋修榜

周光復見鄉賢傳
萬歷二十年壬辰翁正春榜
王應吉吏部員外郎據碑錄補
萬歷二十六年戊戌趙秉忠榜
喻安性見鄉賢傳
天啓二年壬戌文震孟榜
邢大忠大有兄原[illegible]學忠字仲安山陰籍中式由行人司轉吏部文選司主事歷任戶部右侍郎
崇禎元年戊辰劉若宰榜
王心純見鄉賢傳
崇禎十三年庚辰魏藻德榜
盧鳴玉見孝行傳

清

大清會典順治三年春初行會試取中四百名嗣後定子午卯酉年秋八月舉鄉試丑未辰戌年春二月舉會試八年會試照三年之例南卷取中二百三十三名北卷取中一百五十三名中卷取中十三名十五年題准每科取中進士一百五十名自後增減無定數

康熙三年甲辰嚴我斯榜

尹　巽見孝行傳

康熙二十一年壬戌蔡升元榜

高克藩見宦蹟傳

康熙五十一年壬辰王世琛榜

應朝昌見儒林傳

雍正八年庚戌周澍榜

商　盤會稽籍見儒林傳

乾隆十九年甲戌明通榜

高家湘字景濂隨父任長沙入籍教習期滿授大寧知縣

嘉慶四年己未姚文田榜

喻維藩字之屏居喻宅欽賜進士翰林院檢討

嘉慶二十四年己卯陳沆榜

宋仁華見文苑傳

道光三年癸未林召棠榜

魏敦廉見宦蹟傳

道光十二年壬辰吳鍾駿榜

董樹棠字石齋居石任四川碧山知縣

道光十五年乙未劉繹榜

張景星見宦蹟傳　錢世瑞原名青元見忠節傳

道光三十年庚戌陸增祥榜

裘嗣錦字鵂秋居崇仁歷署四川丹稜羅江太平南充大竹洪雅知縣眉州直隸州補授鹽源知縣欽加同知銜軍功加運同銜咸豐壬子戊午己未同治丁卯同考官戊辰加知府銜署廣安州知州

同治二年癸亥翁曾源榜

樓譽普原名詠字玉圃翰林院編修

光緒十六年庚寅

沈寶琛見宦蹟傳

周佩銘欽賜翰林院檢討年甲佚

舉人

宋

李府志宋時鄉舉不捷南宮次舉仍須考較十舉後則特奏名

紹興十七年丁卯科

周汝士見進士　　周汝能見進士三人並以內舍生中式按周氏譜載十四年甲子科

周世則汝士從兄

姜　安

紹興三十二年壬子科

周之綱見進士

乾道三年丙戌科

費元亮見鄉賢傳

乾道七年辛卯科

周之瑞見進士

慶元元年乙卯科

周之章見進士

慶元六年庚申科

吴守道守貞一居德政鄉以會稽籍中禮經第一名

嘉泰元年辛酉科

周之敏之瑞弟

周宣子見進士

嘉定九年丙子科

周溶孫見進士

淳祐六年丙午科

周　　　剡宣子從子以上至之綱凡七人據周氏譜補

淳祐十二年壬子科

史夢協字逢衡累官兩淮安撫總幹正議大夫沿江訓練士卒

費九成字師古開慶庚申授秩滿赴京會鄉友吳大有劾賈似道專權遂與歸隱

寶祐六年戊午科

季應旂省試經魁府志作賦魁

景定二年辛酉科

許　臬見進士

趙登炳

張　粲子襲子咸淳補上舍生乾隆李志作字襲子誤今據周志改正道光李志

趙文炳

呂　諒以上四人年次失攷故附於此

元

乾隆李志元至皇慶始行科舉江浙行省凡統三十路而三歲解額取蒙古五人色目十人南人二十八人士無可進之路多俛首掾吏矣

延祐元年甲寅科

吳本立居德政鄉會稽籍中式

至治二年壬戌科

費述省元見進士通志作泰定丙寅

泰定三年丙寅科

卜可壽

至正十年庚寅科

許汝霖見進士

至正二十二年壬寅科

王文合一名天合字應時居東林本縣教諭

王原皡字彥云居大約里通志府志俱作元皡周志原皡餘杭教諭元末歸隱杜門謝客寓懷詩歌尤長古體有剡溪吟稿

明

乾隆李志洪武三年詔開科以今年八月爲始四年詔各行省連試三年自後三年一舉永爲定式六年詔停科舉專行薦辟至十七年始復開科

洪武三年庚戌科是科額取四十人

董時亮見進士

洪武十七年甲子科

王寄生見進士

洪武二十年丁卯科

王文奎應天中式魯山縣丞

洪武二十六年癸酉科

王維謹字謹言原皥之姪舒城縣丞改靖安縣

洪武三十二年己卯科

史道志見鄉賢傳府志作志道

永樂元年癸未科乾隆李志按是科以壬午鄉試值成祖登極未暇舉行故改癸未鄉試甲申會試又增廣生中式自是科始

張孟韜居清化鄉　張氏譜名瑗字孟韜

永樂三年乙酉科

沈　廣交趾路州同知

永樂六年戊子科

史原信居清化鄉新河教諭坊表墓碑俱作乙酉科

李　回字希賢居筮節鄉按張志作季回注云舊志作李姓誤乾隆李志復據通志郡志科名記李氏譜改正

張　玻字宗儒居西隅長沙府教授

韓　俊字用彰嶧之子永平知縣

永樂十八年庚子科

龔　璉文致子見進士

唐　津字要夫居忠節鄉棠溪袁州府學教授陞

王仲賓字光治居昇平鄉任經歷

讀件　　江宗顯字克光居崇仁鄉

宣德十年乙卯科

鄭　貞居德政鄉會稽籍中式山西提學僉事

正統十二年丁卯科

謝　廉錦衣衛籍順天中式見進士

景泰元年庚午科

張世軒見鄉賢傳　萬歷志作張軒

景泰四年癸酉科是科額九十人遂爲定制

張　政字以仁居東隅官中書舍人遷王府番理轉贛州府通判以廉能鯁直稱

天順六年壬午科

鄭仁憲居德政鄉順天中式

成化四年戊子科

王暄見進士　張性字克循寶應知縣

成化十年甲午科

應尹見宦蹟傳

成化十三年丁酉科

史晞應天中式全州知州　楊素字尚文居上岡里贛榆知縣

杜傑順天中式見鄉賢傳

成化十六年庚子科

丁哲見進士　周山見鄉賢傳

鄭如意字允錫居德政鄉由司務累官潯州知府　陳珂杭州衛籍見進士

成化十九年癸卯科

豐僉河南中式官通判

成化二十二年丙午科

閻士充居德政鄉永春知縣府志作弘治壬子科

弘治二年己酉科

夏　雷見文苑傳　　韓　華字克熙居孝嘉鄉丹徒訓導

弘治五年壬子科

陳　璠珂之兄官長吏

弘治十一年戊午科

周　檠順天中式見進士

弘治十四年辛酉科

姚士榮字仁夫居金庭鄉官教諭

正德二年丁卯科

鄭　端居德政鄉山西解元　　張邦信居永富鄉見進士

正德五年庚午科

吳公義居德政鄉景東府通判性質實無機械歸田屏迹城市　金鯉山東中式見進士

正德八年癸酉科乾隆李志作癸卯誤

鄭蒙吉岢嵐知州　王木歷御史終僉事

正德十一年丙子科乾隆李志作甲子誤

杜民表傑之子順天中式見進士　王喬

嘉靖十三年甲午科

胡采見宦蹟傳

嘉靖十六年丁酉科

周震見儒林傳　王炯貴州中式見進士

王朴　邵惟中雲南中式見進士

嘉靖十九年庚子科

喻　聚見進士

嘉靖二十二年癸卯科

裘仕濂應天中式見進士　杜德孚民表子順天中式弋陽教諭

王念祖貴州軍衛籍中式新寧知縣改保山縣

嘉靖二十五年丙午科

邢舜祥見義行傳　王　煉貴州中式志作戊午道光李志據府志改正　乾隆李

嘉靖二十八年己酉科

孫艮珊雲南中式光李志據通志府志補　舊志佚道

嘉靖四十年辛酉科

喻思化應天中式見鄉賢傳　王　培貴州中式

隆慶四年庚午科

董子行見進士

萬歷元年癸酉科

周汝登見進士　王應昌見鄉賢傳

張希秩改名向辰字惟序居西隅德慶知州

萬歷四年丙子科

周光復見進士乾隆李志作癸酉科誤　王應吉順天中式見進士

萬歷七年己卯科

王大棟字子隆居東土鄉絳州知州

萬歷十三年乙酉科

李春榮字邦彥居西隅崖州知州

萬歷二十二年甲午科

喻安性見進士　朱萬壽雲南中式

萬歷二十五年丁酉科
王　瑛貴州中式累官雲南按察副使　通志作郁王瑛
萬歷三十一年癸卯科
鄭化麟順天中式見鄉賢傳　趙　起字近思居東隅
萬歷三十四年丙午科
錢永澄字久心居瓊田松江府同知
萬歷三十七年己酉科
吳越岳順天中式見宦蹟傳　吳維嶽應天中式舊志佚道光李志據通志府志補
周家俊字仲英居開元鄉清川知縣府志作家駿
萬歷四十年壬子科
吳中潁字支機居德政鄉烏程籍太平知縣有德政　邢大忠見進士

萬歷四十三年乙卯科

王心純見進士

萬歷四十六年戊午科

周孕□字無遷汝登子應天中式

天啓元年辛酉科

尹膺簡字可行居東隅

天啓四年甲子科

胡自平原名守禮見宦蹟傳

天啓七年丁卯科

吴應芳見儒林傳

崇禎三年庚午科

裘　組字章甫居永富鄉清任壽州知州

尹鼎臣膺簡姪見鄉賢傳

崇禎六年癸酉科

尹志煐應天中式見鄉賢傳

崇禎九年丙子科

盧鳴玉見進士

崇禎十二年己卯科

徐一鳴順天中式見儒林傳

清

大清會典順治二年浙省開科額取一百七名八年加中十五名十七年裁爲五十四名康熙十七年廣額十名四十三年浙省額八十三名五十年增十四名雍正七年浙江中式九十九名五經中額五名又加十名乾隆間定額九十四名

順治五年戊子科

姚工亮字代人居晉溪里內鄉知縣乾隆李志作三年丙戌誤

順治十七年庚子科是科裁爲五十四名

尹　巽見進士

康熙十七年戊午科是科額取六十四名

高克藩見進士

康熙三十五年丙子科

商洵美見鄉賢傳

康熙四十一年壬午科

商元柏字葉如歷官泰安州知州見文苑傳

康熙四十四年乙酉科

王　化字幼仲居東鄉臨安教諭

康熙四十七年戊子科

應朝昌見進士

雍正元年癸卯科是科四月鄉試

鄭　彥字瀛彥居東隅
雍正七年己酉科
商　盤見進士順天中式
乾隆元年丙辰科
吴炳忠字大文順天中式見孝行傳
乾隆九年甲子科
葉方焱字荻屋新居大順天中式
乾隆十五年庚午科
高家湘克藩子長沙籍順天中式
乾隆十七年壬申科
裘式玉見儒林傳
乾隆二十七年壬午科

鄭文蘭見宦蹟傳

乾隆四十八年癸卯科

吳啓鷺字司南居三界

乾隆五十四年己酉科

張基臺見文苑傳

嘉慶三年戊午科

喻維藩欽賜舉人見進士

嘉慶五年庚申科

徐建勳字南州居馬塽

嘉慶九年甲子科

郭廷翰原名倫鑒字仙舟居石砩

嘉慶十二年丁卯科

吳啓虬字駕青居三界選鎮海教諭未任卒

錢日青見方技傳

嘉慶十三年戊辰科

邢復旦見儒林傳

邢　照字海珊居太平鄉大挑二等署歸安教諭

王景章見宦蹟傳

嘉慶十八年癸酉科

錢錦山見文苑傳

宋仁華見進士

嘉慶二十一年丙子科

董　鏞字薇雪居北鄉宗學教習期滿以教諭用

喻道鈞見儒林傳

嘉慶二十四年己卯科

魏敦廉見進士

魏懋昭見文苑傳

道光元年辛巳科

張景星見進士

周華齡字頌三居開元覺羅教習選湖南衡州府

裘怡蓮見義行傳　清泉縣知縣調鄞縣

道光二年壬午科

宋　鐄字星田居羅松　丁宸簡字道佩居東隅

王景程見文苑傳　王　謨字懋菴居葛竹

道光五年乙酉科

王際昌原名際清見宦蹟傳

道光八年戊子科

錢青元名世瑞見進士更　吳　鉞字春江居三界大挑授孝豐縣訓導

丁封三字祝齋居許宅大挑二等署孝豐樂清訓導衢州府教諭選授樂清教諭　周卜澗字鼇東居上路西

道光十一年辛卯科

董樹棠見進士

道光十二年壬辰科

鄭南昷字晴巖居長橋歷署淳安烏程縣教諭

道光十五年乙未科

周松齡見文苑傳

裘丙元字午橋居崇仁鄉景山官學教習

呂燮煌見文苑傳

道光十七年丁酉科

趙金鑑字丹崖居小礁甲辰大挑二等選分水教諭未任卒

任湘字蘋薌居石舍

童載詠字沂亭居下璜大挑二等選授雲和縣教諭

道光十九年己亥科

吳光昭字煒堂居棠溪揀發知縣

張聯奎欽賜

道光二十年庚子科

張金簡字芥舟居清水堂　　張錫齡字鄰汀居大灣

童　瀚字丹林居下璜

道光二十三年癸卯科

張階平見義行傳

道光二十四年甲辰科

裘嗣錦見進士　　錢寶珊字小泉居長樂揀選知縣工書法

咸豐二年壬子科

陳世昌見義烈傳

咸豐八年戊午科

樓　詠見進士　　周寶琭字廉浦居開元揀選知縣

咸豐九年己未科

滕金鑑字戫厓居會稽獨樹

同治四年乙丑科補行辛酉並壬戌科

張德瑜字樸山居大仁寺根揀選知縣

丁謙字益甫仁和籍揀選知縣

王兆麟字吉甫居王泥塘考取謄錄期滿以知縣用

裘冶成字蒓甫居崇仁欽加六品銜軍功加五品銜

同治六年丁卯科補行甲子科

魏邦翰字秋屏居白泥墈戊辰科會試挑取功臣館謄錄期滿以知縣用題補福建古田縣知縣署理長泰縣欽加同知銜粤督張之洞奏調廣東署理化州知州調任高要縣知縣充廣東鄉試同考官

裘黼成字端甫居崇仁

同治九年庚午科

裘瀛振字水亭居下王

陳光佑字積菴居東隅

同治十二年癸酉科

史文

光緒元年乙亥科

鄭重

光緒五年己卯科

鄭繼僑　丁葆初

裘大彭　裘春初

黄瑞虞

光緒八年壬午科

馬職塏

光緒十四年戊子科

鄭文熙

光緒十五年己丑科

沈寶琛　　閻震
光緒二十年甲午科
范采晉　　高拱辰
裘黼平　　裘毓初
光緒二十三年丁酉科
吳葆祥　　董繼文
周錫璜　　呂兆璜
光緒二十六年庚子辛丑併科
裘頌鎬　　裘壽頤
光緒二十八年壬寅科
斯國香清郵傳部錄事尋升小京官　　裘晃羣

武進士

明

會試全錄散佚今據
舊志及册籍登載

萬歷八年庚辰科

茹日章居六都雨中鄉舉任鎮撫
陞守備以都指揮行事

萬歷二十九年辛丑科

邢大有大忠弟四川
都司僉事

萬歷三十二年甲辰科

童朝明居遊謝鄉北直
遵化營遊擊

萬歷四十一年癸丑科

竺凌雲字抱冲居笠節鄉由文學善騎射授黃州三江口守備
江口出沒摽掠出奇擒滅陞福建都司討平土寇陞江
西贛州參將調廣東雷廉
陞河南懷慶府總兵官

萬歷四十七年己未科

童維坤見忠節傳

天啓二年壬戌科

童朝儀勦賊有功官至都督舊府志作山陰人

清

同治十年辛未科

裘定華仁居崇

光緒二年丙子科

裘國祥

光緒十五年己丑科

呂鳳至

武舉人

明

萬歷七年己卯科

鄭期顯居德政鄉長橋人

萬歷四十年壬子科

竺淩雲見進士

茹日章見進士

邢大有見進士

童朝明見進士

徐　麟見忠節傳清雍正間封忠勇將軍以上六人俱萬歷時武舉年分失考故附於此

童朝儀見進士

童維坤見進士

天啓

錢德炯江西中式

崇禎十五年壬午科

周之璁居開元鄉　錢　法雲南中式　以上二人俱崇禎時武舉年分失考故附於此

過大任貴州龍場都司

清

康熙八年己酉科

大清會典順治二年題准子午卯酉年舉行鄉試無定額康熙甲子科以後定額浙江中式五十名

張朱英本姓竺居陳郙　周　奇字沛武居上朱

康熙四十一年壬午科

高紹志居東隅任鳳陽衛守備贈武德將軍　通志府志作紹忠

乾隆六年辛酉科

裘應麟居崇仁鄉

乾隆十七年壬申科

裘廷魁字煥宗居崇仁鄉

乾隆二十七年壬午科

尹皇露居東隅

張錫光字被遠居永富鄉

乾隆三十五年庚寅科

尹皇霨居東隅

乾隆三十六年辛卯科

周吉甫居大洋

乾隆三十九年甲午科

錢蕙居長樂鄉歷署三江杭州水利千總

乾隆四十二年丁酉科

施占鰲字道科居施家墺

乾隆四十五年庚子科

陳綱字禹侶居豪嶺福寧鎮標守備剿臺匪歷戰東港南潭等處匪平致仕歸封武略騎尉

乾隆五十一年丙午科

裘　曜字立元居崇仁鄉署楓嶺乍浦千總歷任嵊縣新昌向天嶺諸暨瀝海所蕭山三江山陰虎山夏蓋山上虞餘姚等處駐防

乾隆五十三年戊申科

裘國元字怡燦居崇仁鄉授兵部差官山東高唐州守備

乾隆五十九年甲寅科

裘國清字怡振居崇仁鄉

裘朝泰字道隆居崇仁鄉候選衛千總

乾隆六十年乙卯科

張我武居東張

嘉慶九年甲子科

張鵬飛字圖南居東張

嘉慶十二年丁卯科

裘定山字國詠居下王

道光五年乙酉科

王大鵬居東林

道光十一年辛卯恩科

張本浩居湖嘴頭

道光十二年壬辰科

馬接三字錫堂居小崑

道光十七年丁酉科

黄承烈字西樵居溪西莊原任向天嶺把總

道光二十三年癸卯科

裘捷三居崇仁候選營千總

道光二十六年丙午科

黄元吉字永裕居溪西

道光二十九年己酉科

史清標居浦橋

咸豐元年辛亥恩科

黄雄飛字杏邨居査邨候選都司加遊擊銜　張國瑞居上湖藍

沈國成字少蘭居甘霖鎮即用千總山陰籍

咸豐二年壬子科

錢鎮雄見義烈傳　范振標字虎臣居范油車補授兵部差官

裘鳳臺居崇仁　錢鎮嶽見義烈傳

咸豐五年乙卯科

裘炳全居溪灘見義烈　錢士能字蛟騰居古竹溪

同治四年乙丑科並補行己未辛酉科

黃雄藩字杏生居穀來挑選營千總
馬能飛字黼堂居馬家
裘正清字毓秀居崇仁考取二等由兵部武選司掣差
錢殿英字友蓮居石璜桐鄉縣駐防
裘世振字福田居溪灘挑選營千總

同治六年丁卯科並補行壬戌科

屠兆熊字際春居了溪
任大忠字和軒居安田
錢士熊居古竹溪

同治九年庚午科並補行甲子科

王國楨居石蟹
裘定華字雲凌居崇仁
錢鳳山居璐田
張光辰居富順
張錫綸居富順仁和籍

同治十二年癸酉科

沈步雲
黃掄元

張鳳飛　宋　灝
張建勳　張志剛
裘世清
光緒元年乙亥科
商聚彥　沈寶玉
沈國定　裘國祥
裘振鈴
光緒二年丙子科
張　杰　錢定山
張殿雄　裘錦臺
光緒五年己卯科
王嘉林　張鳳皋

裘殿雄　裘光春
竺鼎勳　裘定邦
光緒八年壬午科
樓鳳標　裘國泰
裘國梁　裘郁文
光緒十一年乙酉科
呂培榮居雅安紹興營千總　呂鳳至與兄培榮同榜見進士
光緒十四年戊子科
周金元　錢定鼇
裘國忠
光緒十五年己丑科
錢殿山　張毓祥

裘紀祥　樊月桂

光緒十七年辛卯科

裘振榮　俞兆熊

裘似蘭

光緒十九年癸巳科

張炳林　裘瑞峯

光緒二十年甲午科

王瑞麟

光緒二十三年丁酉科

邢鎮濤　羅鎮南

嵊縣志卷十一終

嵊縣志卷十二

選舉志

副貢

明

萬歷

丁美祖字仲甫兩中副車年分失攷

天啓甲子科

袁師孔

崇禎

厲汝恩見鄉賢傳

清

順治

喻恭復見儒林傳　以上二人年分失攷

乾隆元年丙辰科

吳熙德字峻文居棠溪

乾隆二十一年丙子科

鄭士元

乾隆三十五年庚寅科

吳桂先字殿芳居三界

乾隆四十二年丁酉科

張聲韶字鳳來居雅張府志作聲龍誤

乾隆五十一年丙午科

吳金聲字韻玉居棠溪工詩

嘉慶十八年癸酉科

金有鑑字月波居東山
嘉慶二十三年戊寅科
趙連城字緒屏居珏芝有文名
道光二年壬午科
任　湘見舉人
道光十一年辛卯科
裘坤元字鎮山居崇仁就職復設教諭見光彪傳
道光十四年甲午科
周松齡見舉人　　王德元欽賜
道光十九年己亥科
張冠瀛字仙舟居大灣
咸豐八年戊午科

裘瀛成字仙槎居崇仁署仙居縣訓導武康縣訓導內閣中書銜

同治十年二癸酉科

陳　藩

光緒元年乙亥科

裘廷輝　　袁炳章

光緒八年壬午科

錢士蘭字逸薌居古竹溪建德縣訓導兼署桐廬縣教諭內閣中書銜

光緒十九年癸巳科

裘朱鼎

光緒二十年甲午科

周錫璜　　裘大章

拔貢

明

嘉靖

邢錫禧居太平鄉馬湖同知

萬歷

鄭化麟見舉人

周光臨以上三人年分失攷

崇禎八年乙亥科

徐一鳴見舉人

清

順治五年戊子科

周運昌居開元鄉建昌府通判府志作恩貢

順治八年辛卯科

周際昌居開元鄉遵化知縣 府志作恩貢
順治十一年甲午科
尹　巽見進士
康熙十一年壬子科
吳光廷見儒林傳
康熙二十五年丙寅科
徐遵孔字道子居西隅
康熙三十七年戊寅科
吳士槐字翰楨居棠溪
雍正元年癸卯科
商　盤見進士
吳炳忠見舉人
雍正十三年乙卯科

高紹圓見官蹟傳
乾隆五年庚申科
葉方燚見舉人
乾隆十八年癸酉科
陳文組見薦辟
乾隆三十年乙酉科
周大用見儒林傳
乾隆四十二年丁酉科
商元棠
乾隆五十四年己酉科
張基臺見舉人
嘉慶六年辛酉科

裘怡芬見宦蹟傳

嘉慶十八年癸酉科

錢錦山見舉人

道光五年乙酉科

周松齡府學選拔見舉人　　吴鵬飛見文苑傳

道光十七年丁酉科

錢登化字春坡居長樂

道光二十九年己酉科

張德瑜見舉人

咸豐十一年辛酉科

袁子喬字升甫居西隅考取八旗教習以直隸州州判註册選用戊辰歲幫辦京都五城團防局加鹽課使提舉銜

同治十二年癸酉科

裘英三

光緒十一年乙酉科

錢浩倫

光緒二十三年丁酉科

錢鍾嶽

宣統元年己酉恩科

姚國蘭居晉溪

金元瑞居崇仁

盧濬思優貢居蓮塘

歲貢

明

洪武

十六年奏准天下府州縣學自明年爲始歲貢生員各一人二十一年詔天下府學一年縣學三年貢一人二十五年詔天下府學一年二人縣學一人

胡　觀十七年貢

高如山二十三年貢居昇平鄉四川道監察御史陞湖廣按察司僉事

王谷保二十七年貢

李　恆二十九年貢一名常見儒林傳

張德壽三十一年貢

笪仕俊居十八都句容知縣

沈　常

毛道德二十五年貢居禮義鄉刑部主事

袁道溢二十六年貢居五十三都江蘇丹徒知縣

宋　莊二十八年貢字以端居西隅黃州同知改除工部主事

俞　騮三十二年貢居禮義鄉兵部給事中正直不阿頗盡言職

永樂

二年詔天下歲貢用洪武二十五年例十

九年詔天下歲貢用洪武二十一年例

史　鯨元年貢望江知縣

宋　純四年貢居西隅邢臺知縣

郭顯名六年貢居仁德鄉寧國典史　李府志作鄖顯名

袁道距七年貢道溢弟

王恕敬九年貢濱州知州

俞　祚十一年貢字克新騮之姪

陳士基十三年貢居孝節鄉

施　重十五年貢入上舍永平同知

張　琮十七年貢字玉蘊居崇安鄉興化樂安知

王可彥三年貢

王復皋五年貢見鄉賢傳

閭　常居德政鄉由貢生任福建汀州府武平知縣

笪原轤八年貢居金庭鄉武昌知縣

張　謙十年貢

胡德潤十二年貢字廣心居東隅德安同知

史成尹十四年貢居西隅教諭

馬　欽十六年貢字敬夫新昌教諭署縣事

吳　文十八年貢知縣

縣張志作張琛
任　倫十九年貢居昇平鄉知州

宣德

七年詔天下歲貢用洪武二十五年例

俞　機二年貢字伯愼驄之姪長樂知縣

樓希賢元年貢前志樓作婁今更定見鄉賢傳

姚孟章四年貢居金庭鄉

王允祥五年貢居仁德鄉海州教諭　李府志作永祥

張宗義七年貢居東隅

王玉田九年貢見鄉賢傳

黃孟端十年貢見鄉賢傳

正統

五年令天下歲貢府學一年縣學二年各貢一人

史浩傳二年貢居清化鄉武驤衞經歷

趙　斌四年貢居東隅青州府經歷

王以剛六年貢胥道子南京工部主事

王　鈍八年貢見儒林傳

竺時達十年貢居忠節鄉贛州推官

陳　昱十一年貢居康樂鄉平樂府照磨

江　鍊十二年貢居東隅

景泰

胡　鉞元年貢居西隅上杭知縣濬築城池建譙樓以才幹稱未幾卒於官

陳　勳四年貢居清化鄉

王　樞六年貢見鄉賢傳

天順

六年令廪增生員四十五歲以上者俱貢

尹　儀二年貢字鳳翔居西隅清江訓導改除新建致仕

錢　濟六年貢見方技傳

胡　昱字克昭居西隅平原訓導

鄭　遜居德政鄉

王貴舟二年貢居東隅

相永忠三年貢居永富鄉府志作胡永忠

黃　瑒五年貢字叔圭居西隅延平知事陞武進縣丞府志作黃場

劉　蘭二年府學貢性傳子揚州同知民懷其德

陳　昶四年貢字允輝居孝節鄉嶧縣丞

馬　良七年貢字士賢居東隅晉州訓導陞安平教諭

劉　箎字本陽居西隅懷遠主簿

宋　敏字克修居西隅登州訓導以上六人皆應例一歲同貢

成化

王　昆二年貢字怡仲鈍之姪府志作王崑

周　泰六年貢見孝行傳

史　晞十年貢見舉人

張　昇十二年貢字廷高居積善鄉泉州訓導

樓克剛十六年貢字以柔居崇安鄉新泰訓導

李　穆二十年貢字敬之居靈芝鄉雲夢訓導

裘　鈴二十二年貢字宏振居崇仁鄉建寧訓導府志作求鈴

宋　郁字文盛居西隅龍巖教諭

謝　翀字克通居昇平鄉新蔡訓導

張　軫八年貢字器之居清化鄉登州訓導

楊　綺四年貢字蘊夫居東隅龍江遞運所大使

馬　政八年貢字廷治居孝節鄉福建古田教諭署縣事

王　輔十四年貢字廷佐居仁德鄉陵縣訓導

楊　浩十八年貢字本洪居清化鄉蘄州訓導有賢名

鄭仁恕號弦齋居德政鄉

鄭　瑗居德鄉政

鄭　瑛號恥齋居德政鄉四川籍貢鄭氏家乘作拔貢生

弘治

九年奏准今年起至十三年每年貢一人

張　濬元年貢字元哲琮之子景陵訓導

王　荃三年貢字德馨瑄之姪

應　旭七年貢字以陽尹之姪邳州訓導

周　嶧十年貢見鄉賢傳

張　曜十一年貢字克輝居清化鄉監利訓導

裘　芝十三年貢字德馨居崇仁鄉長沙訓導

鄭　軫十七年貢字文華德州判官

樓懷岑十八年貢湖州訓導以上二人乾隆李志佚道光李志據府志周志補

張　址二年貢居積善鄉泉州教授

過　誼五年貢字正之居長樂鄉絳縣訓導

張　倓九年貢字克廉居清化鄉邳州訓導陞雷州教諭

韓　顒十二年貢字克洪瑞昌訓導陞永安知縣

趙　岑十五年貢字用之居東隅桂林推官性鯁直慎守官箴家無贏資

張　昭居清化鄉

正德

胡淮 元年貢見義行傳

裘孔華 三年貢字實夫居崇仁鄉德興訓導

鄭燧 四年貢字文華深州判官乾隆李志作鄭燧道光李志據鄭氏譜改正

裘策 四年貢字獻夫居崇仁鄉傅野訓導三署邑篆有政聲

黃榮 七年貢字克仁居東隅壽州訓導

謝樓 九年貢字克高居禮義鄉雲南知縣

馬雲鳳 十一年貢居孝節鄉青田教諭

姚士朝 十三年貢字弼夫仕棨弟

鄭經 十五年貢字廷濟居德政鄉乾隆李志作嘉靖年道光李志據府志周志改正

張碩 居清化鄉

嘉靖

馬輝 元年貢見鄉賢傳

應暐 三年貢字以光居崇仁鄉崇善知縣

鄭堂 五年貢字汝升居德政鄉金谿教諭

黃懌 七年貢字蘊中孟端孫邵武訓導秉氣節正學作士士論重之

樓懷奎 前志樓作婁九年貢字仲光克剛子邛縣

訓導以父卒於官
傷之早乞致仕
周　晟十二年貢
見儒林傳
周紹家字仲齋居東隅十五
年貢據周氏譜補入
邢德健見仕
宦
張　鏵十九年貢字賓之居
桃源鄉虹縣教諭未
任卒府
志作張鎌
鄭　文二十一年貢字用章
居德政鄉固安教諭
稱長者
有古風
江憲臣二十六年貢字維翰
居筮節鄉新鄭訓導
鄭　宸二十八年貢字敬夫
居德政鄉香山教諭
周　謨三十一年貢
見鄉賢傳
竺　詠三十六年貢字文廣
居遊謝鄉魚臺教諭

馬　充十一年貢
見儒林傳
裘仕濂十三年貢
見舉人
邢舜祥十五年貢
見舉人
高　瑞十七年貢字國
賢居桃源鄉
尹　奎十九年貢字
世文居東隅
鄭　騮二十一年貢字德
孚居德政鄉訓導
胡　槃二十三年貢字
克用含山訓導
袁　旻二十五年貢字秉仁
居桃源鄉蕭縣教諭
莊以律己
端以率士
喻一貫三十年貢字繼
曾建平訓導
胡　樂三十四年貢
見隱逸傳
裘汝洪三十八年貢字時範
居崇仁鄉江夏訓導

鄭應元四十年貢字仁甫居德政鄉和州判官
裘日恩四十二年貢居崇仁鄉海門訓導廸士先行誼難干以私
尹丕中四十四年貢字孔和居東隅濟寧州訓導陞周府教授苦貧子立能甘人所不堪論經史時有卓識特不徇於俗人多訕之
張　勅居清化鄉吳江教諭

隆慶

元年詔天下府州縣學考廩膳生員內貢一人
鄭大輅元年貢居德政鄉
邢德健二年貢見儒林傳
王嘉相三年貢字汝艮居東隅惠安主簿陞通山知縣
趙　漳五年貢字克濟居東隅連州判官
吳世輝六年貢見義行傳

萬歷

三年奏准歲貢生員年六十以下考優者充三十一年立皇太子恩詔府貢二人縣貢一人
袁仲初元年貢字大意居西隅臨安訓導教士有
竺天衢三年貢字時登居蔻節鄉歙縣丞

方卒於官

袁大恆七年貢字仲徵定海訓導陞常山教諭轉襄陽府教授

鄭　甲十一年貢居德政鄉於潛訓導

周夢斗十四年貢見鄉賢傳

童　仁居遊謝鄉東陽訓導

周仕麟居西隅永嘉訓導有政聲

周夢神見鄉賢傳

錢萬貫名一愚居剡源鄉仁和教諭

鄭鳳儀居德政鄉

于　謹

丁則綬字子章居東隅

周　梧五年貢字鳳來居西隅建德訓導事叔如父至老敬養不衰居官家甚貧屢卻門生之餽

周紹祖九年貢見儒林傳

鄭王政十三年貢居德政鄉

周維韓字孔文居開元鄉徵州府經歷轉遼東衛府志作維翰以下袁尚衷續修無出貢年分

吳越岳見舉人

王嘉宴字君錫合山知縣

周邦銑字國維居開元鄉於潛訓導陞東陽教諭府志作邦鏡

邢化龍字見夫居太平鄉德興知縣

葉應斗字汝光居崇信鄉梧州通判

錢大敬居剡源鄉

周光裕字貞宇居東隅如皋縣訓導據周氏家乘

補

泰昌

元年辛酉恩詔天下府學貢二人縣一人

丁彥伯見隱逸傳

張我綱字宏甫

天啓

元年詔天下府貢二人縣貢一人

王禹佐見忠節傳

吳應雷字子潛居崇信鄉武陵縣丞陞石阡府經歷

袁祖乾見儒林傳

尹志凝見舉人

崇禎

元年詔天下府縣廩選優貢一人

吳廷珍見鄉賢傳

周儀世字羽可居西隅淵博多才授按察司理刑廳

應信遇字邦際居崇仁鄉湖州教諭

徐一鳴已見拔貢今據府志姑存俟攷

姚來學字思兢居金庭鄉海寧訓導

尹志燧附見立相傳

王心淵字流謙居孝嘉鄉

鄭漢千

吳效恩字君覃居五十五都

吳　鉉字仲舉居五十五都

清

周奇芬字爾華居東隅元年貢化州同知據周氏譜補

唐民敬字敬所居笠節鄉安吉州學正

厲汝恩訓導

胡永賓字惟賢居東隅嚴州府訓導陞慶元教諭不赴

徐　行字子義居遊謝鄉

金之聲見孝行傳

王徵韋字縝之心純次子博學能文

章曰選字仲深居德政鄉

鄭　奎字池生居德政鄉

順治

四年詔歲貢首名次名准貢

葉應茂字爾成河源知縣

俞華服字斯章湖州教諭

喻恭泰見鄉賢傳府志作恭華

朱爾銓見儒林傳

周有亮字信卿居西隅湖州教授

謝汝中字自御仙居訓導

裘應秋字鴻甫居崇仁鄉豐沛知縣

周　鉞字公襄居西隅永康教諭

康熙

三年停八年復

王基宥字爰對以孝友稱府志作順治年

張明易字惟旋居二十八都孝豐訓導

周爆新字朗仲居開元鄉

盧　傳字宗子居東隅

周之默字永思居開元鄉乾隆李志作周熈

錢　濬字爾哲居富順鄉

喻恭萃字宗孚居西隅

喻安恂見儒林傳

鄭彥祐字以周居五十五都
周邃修字君明居開元乾隆李志作遂修
裘光鎡二十五年貢字叔度居崇仁鄉處州教授
高　衡二十七年貢見儒林傳
張廷芝三十一年貢字碧軒居二十八都府志作廷芳
胡　悅三十七年貢字孝其居東隅
吳上瀾四十一年貢字元培居棠溪
張祚升四十五年貢字日生居路西
張天培四十七年貢字乃生居富順鄉
盧象鼎五十一年貢見儒林傳
盧廷翰五十三年貢見儒林傳

趙德馨字薦明居東隅
王從銓字聲希居十六都
應　捷二十九年恩貢字叔顯居白坑口選儒學教諭
裘應聘三十三年貢字士徵居崇仁鄉
李茂先三十五年貢見文苑傳
鄭有年三十九年貢字介眉居東隅
周景昉四十三年貢字爾章居西隅
趙起鯤四十七年恩貢見鄉賢傳
尹東璡四十九年貢字象玫居東隅
裘德溥五十二年貢居崇仁鄉
王鑒皓五十五年貢字肅瞻居孝嘉鄉象山訓導

宋　奭五十七年貢見儒林傳

王　鏕五十九年貢見儒林傳

張　燾六十一年恩貢字聖箴居清化鄉

鄭肇昌六十一年貢字也魯居東隅青田訓導

雍正

鄭啓夫二年貢字搏九居竹山

商元極四年貢字啓墅

喻學鈖六年貢字廷璧居西隅湖州府訓導府志作學鈔

周熙文八年貢見宦蹟傳

陳錫圭十年貢字和音居德政鄉永嘉訓導

吳幾荷十一年貢字友伊居棠溪

乾隆

吳屏翰元年恩貢字幼恩居西隅

汪宗琦元年貢見孝行傳

沈義倫三年貢字子若居清化鄉

求　誠五年貢字象明居西隅

周宗鼎五年貢居開元鄉

張學周六年貢字元功

張懋樞八年貢

李杞忠十年貢

董三重十年貢字有章居芝塢山舊志誤載例貢

楊士仁十四年貢

張世芳十六年恩貢

應忠誥二十年貢

周斯盛字覺軒居東隅二十三年貢舊志失載今補入

吳跧淳二十七年貢

張錫勇三十年貢字體仁居張家

馬　林三十四年貢字楚材居西隅金華府訓導

張　施三十六年恩貢字薪傳居張家

張月鹿四十年貢居東隅

陳義中十一年貢

竹翔鴻十二年貢府志竹作竺

蔡　涵十六年貢

商素臣十八年貢居堰埏

葉廷桂二十二年貢

孫之鳳二十四年貢

鄭尙志二十六年恩貢見孝行傳

莫之端二十七年貢

汪立誠三十六年貢

丁景潮三十三年貢字波山居東隅

張兆亨三十八年貢字萬化居張家

史　銓四十二年貢

劉　純四十四年貢見義行傳

葉芳桂四十四年恩貢居大屋

沈清元四十六年貢

周夢彩四十八年貢

陳義種四十九年恩貢

高宏訓五十年貢

應紹濂五十二年貢居太平鄉

裘振緒五十四年貢字大振居崇仁鄉

王秀春五十五年恩貢居東隅

王待問五十七年貢居東隅

喻道彬五十九年貢字節齋居西隅

嘉慶

張基雲元年恩貢見孝行傳

裘貽謀元年貢居西隅

史　晉三年貢字家和居崇仁鄉

張聯奎五年恩貢字瑤圖居富順見舉人

朱廷鰲五年貢居葉家甽

吳之垲七年貢見文苑傳

錢成章九年貢居長樂鄉

劉以觀十一年貢見儒林傳

王旭照十三年貢

馬如麟十四年恩貢字有增居馬家

竺虞佐十五年貢字欽鄰居后山
鄭錫三二十九年貢字芝齋居長橋
宋仁懋二十三年貢字履建居西隅
張　和二十五年貢字介甫居雅張見封蔭

道光

吳啓熊元年恩貢字渭占居三界
夏沛霖四年貢字愷利居夏相
宋仁焴六年貢字樸堂居西隅
呂夔三二十年貢字□□居王聖堂
史　章十四年貢字輯庭居崇仁
劉金聲十八年貢字如軒居石砩
王鳳鳴二十二年貢字朝陽居蘆田

裘文煒十七年貢字書晟居下王黃巖訓導
薛鳳鳴二十一年貢居西隅
傅祖梁二十四年貢居涅溪

薛鳳圖二年貢字虛谷居西隅
郭鳳樞四年恩貢字璣庭居石砩見文苑傳
馬　澐八年貢字□□居馬家
陳儀烜十二年貢字望亭居陳郫
周敬丹十六年貢字所葊居沃璣
宋彭山二十年貢見義行傳
張啓聞二十四年恩貢字金門居路西

全廷獻二十四年貢字華亭居潭遏
汪　堅二十六年貢字固亭居南陽
邢佳畹二十八年恩貢見文苑傳
史　詠二十八年貢字蓉洲就職訓導
裘盛成三十年貢字稜舟居崇仁就職訓導

咸豐

王秉鈞元年恩貢字衡堂居大約就職教諭
胡　垣二年貢字春圃居宋家墩
童振聲二年恩貢字亦藩居下王
錢振林四年恩貢字福堂居古竹溪
鄭學忠四年貢字靜溪居珠溪灘
裘　鐘六年恩貢字麗川居錢郵
錢　壎六年貢字蘇門居長樂
裘邦杰八年貢字蘆舫居崇仁
錢載陽十年貢字椿汀居璘田署昌化縣教諭卒於任
張　鑒十年恩貢字潔齋居塘頭

同治

錢鹿鳴元年恩貢字慎軒居石璜試用教諭
支景三元年貢字鈞畦居支鑑路

尹汝諧三年貢字月坡居尹家就職訓導
黃化鵬五年恩貢字莘齋居新建候選教諭
裘振緒十年
錢起濤十二年

光緒

錢瑞芳四年
王振南十年
黃錦清十五年恩貢
錢敦田十六年恩貢
鄭錫蘭十九年
竺炳照二十一年
周鼎年二十六年

裘瀛振五年貢字水亭居下王見舉人
呂燮臣七年貢字香泉居雅安
裘光照十一年
孫佩琳十三年
劉景錡八年
陳祖彝十四年
王履道十五年
黃官樾十九年
孫瑞文二十年
商紹彭二十四年
裘鍾鼇二十六年

樓景鏞二十八年　裘大川二十九年恩貢
錢大勛三十二年　陳錫蕃三十二年
錢憲燦三十四年　王頌三十四年

宣統

張少逸元年　錢建中元年恩貢
裘燦文元年恩貢　邢契陶二年
趙鏡二年

歲貢恩貢年代失考者表

葉應茂　周有亮
俞華服　謝汝中
喻恭泰　裘應秋
朱爾銓　周鉞

王基宥　周之默
張明易　錢濬
周爆新　喻恭萃
盧傳　喻安怡
鄭彥祐　趙德馨
周遂修　王從銓
張汝寅　吳人麒以上歲貢
徐步瞻恩貢　吳瑞升恩貢

廩貢

明

周世乾居西隅浦江訓導見仕籍

張　組邦信子嘉靖時廣安州判

清

高克廣字子順居東隅國子監教習

馬維藩字价人居馬家莊

喻經邦字迴瀾居西隅見封蔭

鄭在淵字履風居德政鄉

王永俶字載南任蘭谿歸安訓導陞安吉州學正

周建封字醇模居開元候選訓導

吳祖仁字監周居三界

張書紳居下路西任金華府訓導遂安訓導臨海教諭

陳昌言字拜庭居德政鄉陳郵

張夢麒字尙志居張家

周豐垣字醇楷居開元布政司理問

裘玉章字礽銓居崇仁分發試用訓導見封蔭

喻　萃字象易居西隅候選訓導

周咨謀字思宰居開元候選訓導

郭佩聲字金臺居石磡

邢　炯字曉峯居太平鄉國子監典籍　施　燮字乃雍居禮義鄉施家墺見文苑
吳覲先原名一枝字桂山居三界　吳景熙號星橋居棠溪
應清藻字佩儀居桂巖　裘怡蕖字蓉堂居崇仁署錢塘縣訓導見封蔭
唐景星字采亭居棠溪選授教諭未任卒　馬化南字芾堂居馬仁郖試用訓導
孫嘉言字作齋居孫墺　姚宗華字協唐居晉溪試用訓導
高振芳字梅岑居黃泥橋試用訓導　王芸臺字鏡人居西隅議敘訓導
陳　藩字端書居陳郖　鍾慶祺字旭堂居城中
沈國大字少銘居甘霖鎮　喻昌言字曉人居城坊
裘鎮南字亦青居崇仁　趙鴻文字虛齋居倪家渡
裘慎修字光斐居下王　周錦林字學軒居鄭莊
王錫爵字子衡芸臺子

以上舊志

增貢

明

周　昭濂之子居西隅謹實有行

清

周愛蓮字國維居開元鄉平和知縣

陳德光字輝亭居德政鄉候補從九歷署德慶州吏目肇慶府照磨三水縣典史開建縣丞咸豐辛酉在籍死難贈鹽知事銜蔭一子入監讀書期滿候選

主簿

吴拱辰居棠溪縣丞

喻　坤字蔚齋居西隅署永康訓導

吕　芬字一枝居白宅墅試用訓導

周　譜居西隅嘉靖中江安主簿

張家齊居雅張

裘鈺成字恆士居崇仁

李　堃字芳谷居李家

錢春苑字椿畹居山口加捐雙月訓導

樓鏡人字穎士居樓家

鄭宗濂字藕汀居城坊署於潛縣教諭候補訓導

周本林字亨齋居石頭堆

吕清源字月汀居黄勝堂候選知縣加同知銜

支我春字雩峩居支鑑路

以上同治志

附貢

明

邢舜禋居東土鄉經歷
裘夢開居崇仁州同
邢九韺居太平鄉萬歷時德興主簿
邢公璽居三十八都
邢九韶居太平鄉萬歷時德化主簿

清

汪立昌字敬齋居東隅
馬凌郡居孝節鄉
高紹恭字允安居東隅
裘克配見義行封蔭
沈　嶽字謨贊居沈家灣
裘怡荆見宦蹟傳
喻恭晉字康侯居西隅
袁增尋字聖殷居上碧溪
袁　鯨字御文居上碧溪
裘克紹字徵錫居崇仁
張　聰居清水塘
裘怡蕙見宦蹟傳

裘韶容見義行傳

喻　涵字慎齋翰林院額外待詔

裘育萬居崇仁

裘　良字山瞻居崇仁見封廕

周　賢居開元

錢逢源居長樂

周召南字修廬

張書緯居下路西

張　暐見義行傳

張瑤光見義行傳

支　金見義行傳

俞濟聖字文航居蒼巖

孫大成居孫墺

裘鏡萬居崇仁

張　垚居和家邨

王世清字石泉居東林

葉文蓁字榴園居葉家

王燕春字玉菴居東隅

邢秉謙字景安居太平鄉

張仲孝見義行傳

陳　化居官屋基

錢玉如字士輝居山口

馬季常見義行傳

應學禮居太平鄉

唐峻德居唐田
錢　釗見義行封蔭
裘怡蘂字祿園居崇仁
竺鳳臺字藝山居範邨
黃永修字愼齋歷署景寧桐鄉教諭孝豐青田訓導
黃理中字仁通居富順
竺廷佐字葵莊居範邨
魏懋和字協初居白泥墈
竺之謙字六皆居城坊
竺廷鑑字怡亭居靈鵝
袁　銓字選亭居上碧溪
黃禮琮字品三居孔邨

馬傳經字典五居馬仁邨見季常傳
張　琮居清水塘布政司理問
丁汝松字蔚堂居丁家
錢維翰字錦城光祿寺署正同知加四品銜
劉炳煇字安亭居石𥖁
樓樹人字積軒居樓家
湯敬躋字萊園居城中
袁玉庭字蘭偕居西隅
王　鑑字月湖居東林
魏　煥字星躔居白泥墈國子監典籍
吳金和字節甫居棠溪中書科中書見封蔭
竺右修字个亭居範邨

王崧瑞字雅三居西隅

孫慎修字蒹泉居孫墺

孫鳳翽字儀庭居孫墺

史　良

陳光濤居陳郵

錢　復字亨齋居古竹溪

孫孝純字閔側居孫墺

裘羔成字恆康居崇仁

丁　謙字益三居丁家

裘遂初字愷峻居崇仁

丁敬書字吉軒居過港由軍功保舉教諭署仙居訓導

商炳文字莘田居沙地

裘炳榮字兼山居崇仁

黃振鵬字未莽居新建

童炳章居十里童

王汝霖字雨若居上王

王寅達字一齋居造士灣

吳光熙居棠溪光祿寺典簿

吳鳳彩居棠溪

宋文藻字曄庭居愛湖

鄭召棠居西隅

郭世寬字粟莊居石碶

錢沛恩字春波居古竹溪仁和籍加同知銜

高承標字曉峯居東陽候選縣丞
丁席珍居梁郵
相吉人字階平居下相
李文炳居唐邱仁和籍
裘鎔成字恆藻居崇仁州司馬
孫韞輝字丹林居甘霖鎮
俞嗣曾字少魯居蒼巖
周紀勳字芍軒居開元選用縣丞
以上同治志

丁　震字菊人居丁家
馬錫晉字鳳珊居馬仁郵
王尊達字德三居城南
呂樹人字棫林居黃勝堂
吴佐清字蘭軒居棠溪
馬芬桂字月蘂居西山樓
呂岳孫字月嶠居雅安選用府照磨

例貢

明

韓　晛字景昭

鄭　疇居德政鄉長橋淮安府長史

鄭應期吏目

鄭　璃居東隅

董　策

葉世鎬居五都入監

邢德賞居三十八都

喻思侶思化弟

喻安情思化次子見義行傳

竺　治居八九十都

張　簡字克大入監

鄭仁愈居德政鄉

宋　鶚居西隅順國之後入監善書法

孫　瀾居東土鄉經歷

尹艮逢奎之子吏目

尹如玉惟直姪

尹如泉惟玉從兄

應載道居二十四都

喻思儉思侶弟

張志穆邦信孫入監

尹立楨居東隅

裘紹烓見孝行傳

王敬弦字毅之由庠生入監考升上舍

周有開字先之孕淳子由上舍薦隱居不仕

清

葉朝諫見宦蹟傳

葉朝忠見義行傳

周組佩居開元鄉

婁　沛教諭

袁增緯居上碧溪

張廷傑字懋德居積善鄉任山西朔州左堂

尹遠望字渭佐居東隅

喻大厚字坤如居西隅

張　佐字簡我居張家

周逢愷字和甫居開元

尹遠服字誠悅居東隅

尹嗣彦字廷紹居東隅

葉湛露字康侯居葉家

丁懋松字子貞居過港

周熙灝字朝瑞

張翟起字旌若居張家

張翔起字鳳遷居張家

張我弓字汝博居寶溪

徐思恂州同
尹　益州同
喻大基州同
章承謨縣丞
章　巽吏目
宋驥德州同
袁生范州同
裘廷繡州同
章國正州判
崔南山居過港
周貴玫見義行傳
錢永頌見義行傳

尹萃禎州同見義行傳
宋來復州判
史起業州判
蔣　鏐縣丞
徐遵范州同
王時泰主簿
馬祖悌州同
謝和衷縣丞
馬元日候選未入流
張錫眉字介年居張家候選吏目
馬宗倌欽賜貢士見義行傳
汪本源居東隅

周應運居開元鄉
金廷山居孫墺
周賢乾居開元隅
馬培三居馬家縣丞
喻大中見義行傳
陳德產居朱邨
馬有燧居馬家州同
錢　敏居長樂鄉
吳兆魁字克敦居棠溪州同
葉文葵居葉家
俞睿庭字悟齋居蒼巖
王澍謨字可式居孝嘉鄉

裘韶振字誠美居崇仁
崔貽穀居過港主簿
張永清州同
錢　豪見義行傳
陳文淵候選重九
秦　涵居東隅
錢　鶴居長樂鄉
裘　坎字水瞻居崇仁
任開周居下安田
魏輔昊居湖頭
馬明倫字敘彝居馬仁邨
周藏用居開元鄉

郭萬年字倬亭居石碶
周明就居上朱
馬彭統字綱學居孝節鄉
沈鶴林字喬如居沈家灣
馬作楝居五十四都
錢　珍見義行封蔭
周大業居開元鄉州同
商慶鳦居繼錦鄉布政司理問與修府學
俞文孝見義行傳
張祖艮居沙園
裘　巽字風瞻居崇仁鄉州同
吳之渭字德冏居棠溪

金期德居東山
商尙德字繼思居沙地
吳肇奎見義行傳
王啓豐見義行傳
趙　桂居花田
錢　煥字子章居長樂鄉
竺夏若見義行傳
周咨度候選從九
錢明廣字芳譽多義行居長樂
魏　詩字麟書居湖頭州同
俞景椿字肅齋居蒼巖
竺從雲字龍章居靈巖

袁邦彦候補從九
丁紹蘭字成芳居丁家
張文治字允堯居富順
裘　坤字地瞻居崇仁州同加同知銜見封蔭
邢　模見義行傳
鄭　蘭字馨堂居東隅候選州吏目
周　彝候選重九
金玉昆
裘怡護字芳和居崇仁候選從九
鄭　葆字雲山居東隅布政司理問
金有鑑字春士居東山候選重九
汪天棓居東隅候選重九

童方谷居下王
唐榮第字錫宰居唐田
樓世臣居樓家
馬紹光見方技傳
周廷章候選重九
周玉山字醇藩居開元候選重九
馬紹堯字素瀛居馬仁邨見封蔭
張際春居上林候選州吏目
史善同候選從九
張本剛字可任居張家
裘　錦字道鑑居崇仁議敘經歷
黄鳴岐字啓鳳居富順

張運泰字階平居上林州同

樓登高字怡軒居樓家

支公翰字鳳池居支鑑路

裘觀海字會川居崇仁鄉

馬錫麟字志昇居馬仁郵議敘布政司理問

以上道光志

張　謨見義行傳

樓仁炘字和亭居樓家布政司理問

沈　琳字禊亭居德政鄉候選從九

錢　琮字章璜居古竹溪見封蔭

樓　璨字仁玉居樓家

遊學各國畢業

宋希曾日本蠶桑講習所

陳邦達日本大森體育學校

周志由日本東京早稻田大學師範科

呂　衡日本警監學校

袁　翼日本大阪高等工業學校

竹堃厚日本振武大學校

錢　均日本東京工科大學

大學畢業

宋鳴鏘天津北洋大學堂

丁元裳北京大學堂

高等及專門畢業

王　逸日本大森體育學校

錢適鵬日本東京早稻田大學師範科

劉頌清日本警監學校

許畏三日本明治大學

鄭思曾日本帝國大學

馬開崧日本仕官學校騎兵科

鄭希曾北京大學堂

沈寶璿 北京譯學館英文科

沈寶琭 北京法律專門學堂

裘　粲 直隸官立法政專門學校

孫景煦 直隸官立法政專門學校

于　鄴 直隸官立法政專門學校

馬啓明 保定法律專門學校

任善章 浙江官立法政學校

童杭時 浙江官立法政學校

王道伊 浙江官立法政學校

錢　端 浙江官立法政學校

盧觀濤 浙江官立法政學校

周之楨 寧波公立法政學校

潘文江 直隸法律專門學堂

裘組華 京師法政專門學校

馬昂霄 直隸官立法政專門學校

邢契莘 保定高等學堂

范　芭 順天官立法政專門學校

周敬彝 保定法律專門學校

王敬瑜 浙江官立法政學校

童濟時 浙江官立法政學校

宋孟年 浙江官立法政學校

張濟演 浙江官立法政學校

盧觀球 浙江官立法政學校

張葆樞 寧波公立法政學校

錢匡一浙江優級師範學堂史地科
薛叢青浙江優級師範學堂
黃陶夏浙江優級師範學堂史地科
裘　玠浙江優級師範學堂
周孝巨浙江優級師範學堂
周頤福浙江高等學堂
孫鳴岐保定高等學堂
佘冠澄浙江武備學堂正則科第三期
應慶祺浙江武備學堂正則科第四期
魏　斌浙江武備學堂正則科第五期
魏厲勁浙江武備學堂正則科第五期
俞　煒浙江武備學堂正則科第五期

錢錫炎浙江優級師範學堂
王　鎬浙江優級師範學堂
錢曜奎浙江優級師範學堂
馬戴黃浙江優級師範學堂
袁　易浙江優級師範學堂
裘嗣芬浙江高等學堂
錢智修上海復旦公學
商　誥浙江武備學堂正則科第三期
陳　瓚浙江武備學堂正則科第四期
周之鼎浙江武備學堂正則科第五期
呂鈞璜浙江武備學堂正則科第五期
丁　宣浙江武備學堂正則科第五期

錢　皋　浙江武備學堂正則科第五期

周肇昌　浙江武備學堂速成科

吳殿揚　浙江武備學堂速成科

張　珩　北洋高等巡警學堂

樓慶裕　北洋高等巡警學堂

錢　青　浙江高等巡警學堂

邢啓周　浙江高等巡警學堂

馮　蘇　浙江高等巡警學堂

樓光棖　浙江高等巡警學堂

錢觀瀾　浙江高等巡警學堂

唐世鑑　浙江高等巡警學堂

盧允超　浙江武備學堂正則科第六期

孫象賢　浙江武備學堂速成科

呂廷桂　浙江武備學堂速成科

黃正幹　北洋高等巡警學堂

馬振中　北洋高等巡警學堂

錢壽彭　浙江高等巡警學堂

袁人龍　浙江高等巡警學堂

馬光熙　浙江高等巡警學堂

黃吉元　浙江高等巡警學堂

袁錫琛　浙江高等巡警學堂

仕籍凡不由選舉而入仕者未入流以上皆載之其年遠難稽者姑闕

明

竺　盛 福州同知見義行傳

尹正善 居東隅芮城典史

吳夢熊 三界人入山陰學洪武中登鄉貢劉基薦為本府教授章信宗題其額曰八越名儒

厲文義 居西隅由吉水丞陞刑部主事

楊孟溫 居清化鄉太興丞

高繼祖 居昇平鄉官北直邢臺縣丞

錢世莊 延平府主簿

陳叔還 居三都海陽丞

李時通 懷寧典史

劉性傳 鞏昌知府見鄉賢傳

李輔仁 居靈山鄉黃梅丞

竺均禮 居十八都續詩稱旨東莞丞

竺　椿 湯溪知縣

竺　原 居十八都米脂典史

王　疇 居羅松鄉漳浦丞

何　昂 居崇仁鄉武平典史

錢　羅 南京倉大使

陳叔權 還之弟懷寧縣尉並見鄉賢傳

裘　巽 居崇仁鄉太倉衛經歷

周　泮居西隅山之子南京衛經歷

裘　震竹崎所巡檢

夏　時增廣生居西隅兩京豹韜衛經歷

謝　榮居清化鄉臨朐主簿

周　宸居五十四都皮作局大使遷巡檢

尹孟政居東隅龍巖丞周志作尹政

單思浩居忠節鄉晦溪莊同安典史

錢　輔居四十一都阜城丞

楊　榮居五十三都徐州倉大使

杜　瑫居三十九都清流主簿署縣有聲

江應時居笯節鄉白巖巡檢周志作白石

王　昂居小柏由除門巡檢陞惠安丞

周　浩居西隅巡檢陞倉官

施　洽居五十二都巡檢

周　瑾居開元鄉歸善河泊所

楊　炎居崇信鄉文安典史

孫　平居八九十都丙字庫大使

魏　鵬居四十六都倉官

宋　徵居四十七都長安丞

李　俊居八九十都巡檢

求與成居五十二都白石巡檢

張　旻居四十七都淮安鹽課大使

吳　滄居四十七都常州河泊所

馬　雍居十四都官陞巡檢

王皎居十四都贛州衛經歷有節操

吳文居四十六都倉大使

應昉居二十四都廣西巡檢

徐庭邦居遊謝鄉益王府典膳

陳豪雲南斷事司吏目

戈剛池州倉官遷湖廣河泊所

姚順居十二都巡檢

邢伯韶居太平鄉通州衛知事陞開州判官

何冷居二十四都貴溪驛丞

史培居清化鄉龍江驛丞

史葭居清化鄉清流主簿

葉璐居五都長樂巡檢

徐鳴居二十五都邳州倉大使

孫鏗字廷武倉大使

任程居二十二都就職八品見周志

周譎居開元鄉授贛榆縣丞補貴溪縣丞署縣事

張河居四十八都廣東倉大使

竺翰居十八都倉大使

周謂王府典膳

史琉居清化鄉江浦主簿

俞昡居五十二都應山典史

唐昱居十七都廣積庫官

裘孟信居四十七都倉大使

李　河居西隅泉州府知事

袁　英居四十六都草場大使

錢　新居璠田里青田縣知事

丁　偉哲之子南京兵馬司

王　淵見鄉賢傳

周　沛山之子河南伊府經歷性嚴毅四署縣事有政聲

周　浩居西隅廣西平樂府富川縣主簿

邢崇道萊州掖縣丞

夏思明居西隅益王府典膳

袁存達福州府知事

汪宗明居五十五都德安所吏目

張時通居四十七都崇明倉大使

葉　景居五都倉大使

王　溫增廣生寧化縣丞

孫　諫居五都諸城縣丞有政聲

王　椿溫之子歷任遼東雲南四川衛經歷

周　簡居西隅江南新昌縣主簿居官六載慎守不苟

鄭本思甘肅右衛都事

邢　純吳陵巡檢轉汀州經歷

周　用庠生居西隅柳營巡檢廉直守法

裘鳳翔居二十九都海門主簿署眞州縣事

王　杞采石驛丞

俞秉遠居五十二都豐城典史
尹良望居東隅揚州巡檢
葉世鍔居五都四川吏目
孫國治廣西巡檢
胡　梅居東隅饒州千戶所吏目周志作胡栴
裘嘉棐黃岡巡檢
唐　福居東隅建平縣丞
鄭朝新崑山主簿
孫維晟名國昌以字行鳳陽留守左衛經歷
胡　璘翀之子涿州判官
周汝強謨長子增廣生任南京贓罰庫大使著有四賢記

董　泮居五十六都順德縣丞陞經歷
王　梴吉水驛丞陞陝西倉大使
孫　賓增廣生太平府獄官
韓撫民居十四都巡檢
王　道見武職
周　書居西隅王府引禮
王邦侯居孝嘉鄉番禺主簿
杜德輝民表子銅梁主簿
尹惟直居東隅溆浦主簿
宋　衮增廣生盧陵巡檢
袁大志增廣生京庫大使
周汝思謨次子邑庠生六安州軍儲倉庫使

劉　瀚性傳裔濟南通判

竤　柱居十七都太和主簿

鄭　寧倉大使

丁　僅居東隅溧陽主簿

尹如度奎之孫由宜黃丞歷任邳州同知

吳有守居三界鳳陽吏目陞蜀王府典膳獨修紹興鎮東閣

王三德居東隅鄱陽典史

俞汝悌襄城典史

王三術海陽主簿

鄭可立居東隅鹽場大使

童惟亮居十八都九龍驛丞

王　蓁居十四都鵝湖驛丞陞倉大使

錢大德居五十五都宜城縣巡檢

宋允仁居西隅進賢主簿

李　燮居西隅

俞汝明居五十二都奉新典史

竺振聲居十八都裕州吏目署知州事善文藝嘗捐義學田

王嘉衢居東隅河南府知事署登封縣有政聲

宋允雍居西隅清流主簿

趙時登居東隅由主簿陞大寧衛經歷

吳守信居五十五都夔州府照磨署奉節梁山兩邑歷遷夔州府知府所至有聲

喻安盛居西隅倉大使
袁日宣居西隅贛州倉大使
王萬鍾居西隅廣州倉大使
丁祖明居東隅鉛山丞陞經歷
董師孟泉州鹽場大使
陳伯敬居三都攸縣典史
史秉直鹽場大使
裘良鵬居崇仁鄉益州巡檢
袁育淳居西隅新城典史
張承善湖廣巡檢
張文元溫州倉大使
王應覲江西遞運大使

尹可秀居東隅都水司稅課大使
高希元居渡南淮安鹽場大使陞寧鄉主簿三解邊餉以賢勞聞隨攝縣事轉顯陵衛經歷有能聲
趙子經居東隅霍山典史
徐大經居遊謝鄉臨清衛經歷
徐大學居遊謝鄉蕪湖典史
沈承詔居五十一都廣東驛丞
姚一恭居十三都海涙所吏目
王嘉効居東隅四川倉大使
任應和山東驛丞
吳大中新貴典史
鮑世經盱眙主簿

葉子望濟寧州吏目

宋學敬居西隅河南縣尉

陳尚聲歷任長蘆鹽運司青州分司蘆臺大使

喻　銳居西隅萍鄉主簿

孫象賢居五十六都襄陽稅課大使有才略

孫　渙居五十五都考城主簿

屠應鳳居十八都光祿寺典籍

裘紹燧居崇仁鄉湖廣按察司知事

裘嘉策居崇仁鄉貴溪主簿陞宿州衛經歷

許如度居下任里大同府稅課大使

丁一貫居東隅鎮南長官司吏目

周維溱夏邑主簿

竺萬年居遊謝鄉惠安主簿有政聲

李　敬苑馬寺錄事

尹如卓良望子沛縣丞

鄭國賓居東隅兵馬司吏目

過用澄居長樂鄉彭山主簿陞眉州判轉五開衛經歷致仕復遷福建都司經歷以母老乞歸

趙子本居西隅山西稅課大使

竺立賢居十八都南直巡檢

舒萬言居二十六都襄陽府稅課大使

趙應宗居東隅大城主簿陞經歷

丁祖科居東隅寧國府巡檢居家孝友居官勤慎

童允中居十八都成都府巡檢

張貴旻永嘉縣倉大使
裘紹啓居崇仁鄉陝西斷事司吏目
沈　濂廣東巡檢
王應祖居東隅神武衛經歷
過用鼎居長樂鄉瓜州巡檢
唐宗仁字廷欒居下唐莊贛縣縣丞以清節著
高希祓字汝光居渡南藍口巡檢有平寇功陞河南主簿攝縣事
高希立字秉中居渡南本府知印考授州同
周有源居西隅貧而能孝補江浦巡檢以廉幹稱
裘見榮居東隅安福典史
過用清居長樂鄉德安經歷

鄭　佐均州吏目
尹可功居東隅吳縣巡檢
王守賜淮涯所吏目
魏　鎡居筮節鄉廣信府知事
鄭純仁居五十五都如皋典史
宋裕迪居西隅廣信府照磨
吳　淥居西隅徐州倉大使
茹萬里居浦口巡檢
王友廉無錫典史
唐天爵居十七都唐田稅課大使
茹元和居浦口江西巡檢
袁祖謨居西隅崎山巡檢陞孝感主簿

尹立覺居東隅長沙丞

袁秉常居西隅吉安府經歷

周嘉禎居開元鄉溧水主簿

高鶴鳴字永圖居渡南庠生奉魯王詔勤王官後軍同知都督府事見義烈傳

裘允昌嘉策子歷光祿寺掌醢署丞陞直鎮海衛經歷

周奇芬居東隅化州同知工書畫

馬　壯居東隅樂陵典史

宋文象居西隅積慎庫大使陞池州巡檢

竹光卿居東郭廣東巡檢陞高要知縣

袁祖賡居西隅新繁主簿

鄭自強化麟子忠州同知陞福建按察使經歷有學行

裘士標字咸若居崇仁律例館吏員任泉州府永春縣丞

俞樹庭居前岡任教諭

馬艮賓壽張丞署縣事

張　昇字惟元居永富鄉由文學隨征任福建南安縣教諭補合肥丞署縣事有政聲

清

尹有禎字綏之居東隅由文學隨征授廣東清遠

陳文浤字燧章錫軫幼子任武安縣知縣署崇山

衛經歷委署臨高陵水二縣

吳自性　字行之居棠溪蘄州州判陞山東布政司經歷薦授秦州知州卒於官士民立碑於墓歲時祀之

商　璉　字黍華曹縣知縣工詩其稿多佚

馬作輯　署大名縣丞

陳之銓　字韋傳錫軨長子任平魯縣調介休縣陞建寧府同知特授泉州府知府調甘肅鞏昌府歷鞏秦階道寧夏兵備道特授甘肅兵備道誥授中憲大夫

陳文輿　錫圭子仁和訓導富陽教諭

高天霨　居渡南由內務府考授吏目

知縣題授崇寧知縣歷署漢州知州石柱廳同知

高克思　由吏員考授巡檢

陳錫軨　見宦蹟傳

趙宏緒　見義行傳

商　書　字譽意盤弟諸生官定番州吏目

蘇　澄　松江同知

陳文緯　字素章錫軨三子任安化縣調江夏縣陞開封府同知調光州知州歷署衛輝汝寧河南知府授開封府知府陞開歸陳許道河南按察使山東布政使調山西布政使兩次護理山西巡撫事誥授中奉大夫

陳　鼎　文緯孫信陽鹽場大使

高心溥由光祿寺堂書考授巡檢
盧　杰字模一居焦邨靖州吏目
周嗣業居開元鄉雲州吏目署昆明縣尉
尹大謙安州吏目
趙　均字平軒居東隅歙鄉縣丞有政聲
陳長齡文緯子三品蔭生捐補員外郎
陳家齊文滋子河南府經歷
周　恕字恩寬居開元鄉祈州吏目見封蔭
沈　坎字剡江居東隅歷任臨淮巡檢含山運漕巡檢
馬　鑑字金生廣東從九
錢豫豐字琢菴居長樂鄉封川知縣
沈開第字登科居東隅安徽試用主簿
周貴瓚字中元居開元鄉束鹿知縣
盧光燮署閩縣丞調高才坂巡檢
周燮臣居開元鄉西華典史歷署裕州許州吏目
俞　丙居蒼巖貴溪丞
鄭秉倫居五十五都盧陵典史
錢國鈞候補巡檢歷署普定畢節等縣典史
陳汝立之銓孫武遷典史
陳三壽文滋子獲嘉縣丞
袁章緯字映辰居東隅歷任龍溪縣石碼祥豐浯州蓮河鹽場司有德政碑縣北汰內邨有生祠
沈　謙字勤齋居裏坂鹽場司

張福安字卓齋居清水塘湖南候補縣丞署長沙府善化縣知縣
陳光曙家齊子王浦司巡檢
陳　彞三品蔭生修仁知縣
陳　坦字鳴岡居西隅署大龍巡檢民爲立祠
陳保昇家齊子山東分縣
俞士英字理園山陰籍居東隅山西蒲州府永濟縣典史歷署解州吏目五臺山巡檢按察司照磨太原府倉廳河東長樂司巡檢兼理永濟縣丞蒲州經歷
沈守愚任安徽潁州府經歷署渦陽知縣
俞　堃字毓峯山陰籍候補縣丞保陞知縣歷署

陳玉章文興子江西按察司司獄署司經歷
周之鏞字西樵居開元軍功欽加同知銜攝江西信豐縣篆
裘義成見宦蹟傳
趙含章字獻亭居東隅任山西絳州稷山縣典史
趙錫三字槐堂居東隅山東從九
馬先魁字吉堂桂平縣穆樂墟巡檢改山東候選縣丞
馬之駿雲南鎮雄州吏目
沈　震字行標居裏坂開封府密縣典史
裘應覲字仕岳居崇仁福建長泰縣典史
裘　錦字道鑑居崇仁內閣供事授甘州府經歷

隰州吏目蒲縣知縣蒲州府經歷臨晉縣知縣

裘印辰 字愷龍居崇仁直隸候補同知天津蘆台通判

裘萬清 字亦彥軍功五品銜咸豐己未江南鄉試幫辦受卷官署鎮江經歷吳縣丞攝光福巡檢

陳　疇 字蓉橋居莊田安徽候補從九

俞　欽 字肅亭居蒼巖縣主簿加布政司理問銜

陳斯陶 字仲甫居陳郵候選兵馬司吏目

沈金鑑 均子六品頂戴任山東益都縣丞

陳爵之 字鳳飛居城坊江西候補縣丞加藍翎同知銜

陳燮昌 字秋帆居陳郵直隸候補主簿

沈　錦 安徽天長縣城門巡檢

吳金暉 居棠溪署安徽定遠縣池河當塗縣采石分司

陳景芳 字冶堂居陳郵同知銜署東鹿縣知縣

史　撰 居崇仁四川嘉定府洪雅縣典史

陳玉棠 字寶園居陳郵直隸候補縣丞加布政司理問銜保舉以知縣用

陳　本 字立齋居陳郵由丞知宣化縣陞宣化府旋補保定府知府

陳斯槃 景芳子字幼溪知州銜順天懷柔縣知縣

張星槎 字華軒居東隅布政司理問銜

張明禮 居龍藏山雙月縣丞加五品銜賞戴花翎

沈　均字雲臺居前堰河南布政司經歷

陳國安汝立子留粵補用縣丞

錢光鼎世瑞子字鼎卿江蘇候補同知

趙潤初字大斌福建龍溪將樂典史

保舉

清

馬　炯附生字斐亭居馬邨由縣丞保舉知縣加五品銜

黄　晃字廉堂居穀來由貢生軍功保舉縣丞

馬鏘鳴字伯藍居城后由附生軍功保舉訓導

徐春暄字長林居白巖六品軍功候選從九

杜寶田字也香居杜家堡由附生軍功保舉訓導

周秉三字月江居上城莊由附生保舉訓導

吳毓桂字郁初居棠溪由監生保舉從九

丁祝嵩居過港保舉從九

錢　潮居長樂保舉府照磨

陳基裕字立齋居蔣家埠保舉從九

馬陽春寄籍會稽選用未入流

馬　煊字雪堂居城后由廪生軍功保舉訓導

裘　劍字竹林居崇仁由軍功保舉縣丞賞五品頂戴

林景和字衡齋居下林由從九保舉縣丞

丁敬仁字機園居過港由附生保舉訓導

黄佐鉞字卓齋居新建由監生保舉從九

馬先化寄籍會稽選用未入流

嵊縣志 卷十一 保舉 三十六

清

職銜

裘怡藩字翰屏居崇仁國子監典籍加同知銜

俞丹書字存齋居蒼巖國子監典籍見封蔭

裘怡萊居崇仁國子監典籍見封蔭

錢之江字錦濤居長樂布政司理問

魏承烈字瑞峯居白泥墈布政司理問

邢鳳丹字桐君居沃磯國子監典籍

魏春臺字璜溪居湖頭州同

裘觀風字禹門居崇仁國子監典籍

周　永字樂庭居開元布政司理問

林東山字小野居下林吏員加五品銜

俞墨林字翰國居蒼巖國子監典籍

呂國勳字建三居黄勝堂國子監典籍

錢　沛字錦江同知加運同三品銜誥授通議大夫見義行

魏　謨字俌甫居白泥墈州同

魏承業字肯堂居白泥墈國子監典籍

任　樹字寅初居石舍光祿寺署正

魏羽儀字鴻飛居湖頭光祿寺署正加二級

張錦清字蓮舟居沙園布政司理問

錢昌介字子豐居長樂布政司理問

錢昌鎔字華三居長樂州同

裘標成字恆樹居崇仁布政司理問

邢導聖國子監典籍

錢肇昌字錦波居長樂光祿寺署正

邢　沛字問樵居沃磯州同

錢　榆字懋倫居長樂州同

裘望初字愷蟾居崇仁布政司理問

竺月清字渭松居后山州同

單禮任居水口州同

童步洲居下王布政司理問

魏禮孔字鹿岡居湖頭州同

陳之瑛字鳴齋候選分縣

沈鳴鶴字馨山居溪灘儘先選用巡檢加州同銜

趙晉卿布政司理問

魏儒進字雲山居湖頭州同

邢　浦字象成居沃磯州同

竹　鑑字錦軒居仁邨布政司理問

裘錦清字德林居崇仁國子監典籍加六品銜

呂宗望居后宅州同

袁彙訓字亦江居碧溪中書科中書

竺文煥字雲龍居后山州同

周大鏞字協臣居西隅州同

陳　鑑字雲齋居陳邨州同

吳光昫居棠溪布政司理問

丁堯佐字贊卿居過港翰林院待詔
孫明校字泮林居珠溪布政司理問
錢瞻岵州同
丁　勳字舜年居丁家布政司理問
馬錫華字篆香居馬仁郵州同加五品銜
錢旺道字小堤居長樂國子監典籍
吳道楷州同
馬在坰字星洲居馬仁郵州同
吳道憺字春樵居東隅州同
童　高州同
樓曰岑字後基居樓家州同
童步瀛居下王州同

張　謙州同
黃　坊字雲卿居轂來州同
樓偉人字仁見居樓家國子監典籍
魏汝枚字福成居湖頭州司馬
馬宗漢字雅庭居馬仁郵州同
裘廷組字愷愉居崇仁布政司理問
馬儀漢字西苑居馬仁郵州同
吳　驤字昂千居三界州同
錢振佩字春濤居長樂光祿寺署正加同知銜
任　耿字華越居石舍州同
張名江字春溪居沙園光祿寺署正
俞汝言字寶溪居蒼巖布政司理問

孫　廷字顯庭居孫塽州同

袁才捷居孫塽布政司理問

徐積年字菊軒居白巖儘先補用四川鹽源縣丞

袁才敏居孫塽布政司理問

竺廷魁居后山國子監典籍

趙棟才字南溟居東隅邑庠生授布政司理問

武職

宋

張景夏武翼郎充御前監制軍器

童　霓字望之居遊謝鄉由胄監尚壽安郡主咸淳乙丑贈忠獻侯

裘　貞潘郡馬

金敏慶居雅堂岐潘郡馬

元

應源達見義行傳

明

邢應麟居太平鄉元季擾亂糾集義兵捍衛鄉里明興衆率歸服授海寧指揮使世襲千戶

魏謙甫居筮節鄉幼嫺技勇明師取暨州遂歸之授昭信百戶累官信武將軍河南路統軍使防禦海道兼管市舶司鹽事

周　欽洪武間襄陽府殿下校尉

周景初居積善鄉有勇略洪武二十三年補前衛

邢復初應麟子襲千戶戰死黑松林

周　錚居西隅任台州兵巡道守備

邢越童復初子襲千戶

黃佳二居東隅充永平衛軍以進征有功累陞本衛千戶子玉襲永樂間調武城衛弟源襲改景陵衛千戶授武略將軍

王岑六永樂初以軍士擒獲奸叛陞校尉尋陞龍驤衛百戶

王　玘居積善鄉成化間授錦衣衛百戶

商　源居崇信鄉正統四年從沅州衛戍伍調征雲南叛寇有功授本衛副千戶弟洗襲

周成紈嘉靖間以軍功授把總

周進輔嘉靖間以軍功授武毅校尉

軍剿叛有功陞虎賁右衛百戶永樂初征交趾卒子通襲

姜彥彰從山西平陽衛戍伍征雲南有功累陞本衛副千戶

王　敏居昇平鄉進征有功授清平衛指揮僉事子聚襲陞貴州都司子溱襲

謝時通居清化鄉性敏嗜學永樂十七年補錦衣衛校籍嘗從征討有功授鎮撫緝獲叛首陞正千戶周志作謝通

王　道居靈芝鄉嘉靖間以吏員授廣東平海衛吏目委剿山寇有功陞龍川守備加都指揮使文官改武自道始

俞世隆居十八都萬歷間從戚繼光征討敘功授紹興衛指揮僉事

邢禹巽密雲千總

呂振遠居遊謝鄉萬歷間由行伍授舟山把總

丁國用見忠節傳

周繼雲

馬　騰居五十四都崇禎間由材勇歷官徐州總鎮中軍參將加副總兵

夏□□名佚崇禎間由將材授昌化鎮黃花路守備

錢榮朝守備

錢伯彰以剿寇功授總兵

邢體善潮陽水寨把總

呂一端居遊謝鄉萬歷間由行伍授把總

史上鎰萬歷間授台州副將

邢爲本大同領兵把總

俞宗德居十八都授紹興衛鎮撫

邢于祉寧波把總

童惟基崇禎間由將材拔授揚州江防守備

童惟封崇禎間由將材授守備陞雷廉都司

錢榮德居長樂鄉由行伍任象山把總

張拔鼎居永富鄉由行伍加所鎮撫

錢茂權見忠節傳

錢𠬝璉從戚繼光剿倭授千總

清

周廷輔字君榮　官總兵

史起瓌原名童志由行伍有　戰功任台州千總

史宗輝紹協左營　轉右營

錢　珩武生字楚玉居長　樂鄉捐衛千總

徐　椢居胡邨橋　捐衛千總

吳之源字德培居棠溪　捐守禦所千總

裘應賓居崇仁淮安　總漕提塘

錢　鋭居長樂　衛千總

徐嗣玉六品軍功以把總　拔補賞戴藍翎

童寶山居裏坂由軍功保舉　紹協左營五品銜賞　戴藍翎平　望陣亡

姜君獻字軼簡居清化鄉由　文學上策勑授掛印　總兵官剿禦山　海都督同知

周貴麟處州衛　千總

尹　瑢居東隅捐　衛千總

樓　鳳居樓家捐　衛千總

裘應晉居崇仁江南徽　州屯田守備

錢耀光字景棠居長樂　守禦所千總

呂能飛武生捐　營千總

李士彪由紹協左營六　品銜賞戴藍翎

丁能兆字仁園居過湍武　生保舉衛千總

王慶寶居上王補用守　備賞戴花翎

徐春榮字杏林居白巖總理浙江全省營務處及四川全省營務處資政大夫二品花翎

王蔭槐補用千總賞戴藍翎

徐壯猷字也舟浙江海防營務處統領護軍中營後哨哨官

徐芳澤字雨軒居白巖四川督標中軍中營右哨頭司把總

徐春臺字毓林居白巖四川督標中軍中營都司

裘成全崇仁人於同治二年隨左宫保克復烏魯木齊并肅清山東等處捻匪得保奏花翎二品銜歷署四川廣元疊溪會川等處參將并管帶𡽱隊壽字營各

封蔭

宋以下封

求從信以孫移忠贈朝議大夫

張文叔以子子襲贈承務郎

周奭以孫忠和贈榮祿大夫

周誼嘉以子忠和贈三司大將軍

求顯以子移忠贈朝議大夫

求多譽以子揚祖贈朝議大夫

周蘊良以子宗贈亞中大夫

明

高禧居昇平鄉以子如山贈文林郎晉封中奉大夫

鄭邦賢以孫貞贈中憲大夫

王鈍以子瞔贈南京禮部郎中

王胥道以子以剛贈南京工部主事

鄭乾字思恭以子貞贈中憲大夫

鄭鏞字允聲居德政鄉以子疇淮安府長史贈奉政大夫

鄭雙山居長橋以子化麟廣信府同知贈奉政大夫

張　堅以子政贈中書舍人王府審理政
喻　袞以孫安性贈資政大夫兵部尚書見鄉賢
董　和以子予行贈監察御史
周　河以孫汝登贈光祿寺卿見義行傳
周　謨以子汝登贈光祿寺卿
周　通以子槩贈文林郎
周尚輝以子論贈修職郎
周邦佐以子維韓贈修職郎
吳　愷以子公義贈奉直大夫
裘曰麟以子仕濂贈文林郎廣西道御史
裘紹烓以子組贈奉直大夫江南壽州知州
清

張　胄以子世軒贈中憲大夫臨安府知府見文苑傳
喻思化以子安性贈資政大夫兵部尚書
王尚德以子應昌封奉直大夫定番州知州見鄉賢傳
王應昌以子心純贈奉政大夫
章志仁以子信宗贈宜儀中順大夫
周敬範以子邦銑贈修職佐郎
周子信以子家俊贈文林郎
張　照以子邦信贈承德郎刑部主事
裘嘉策以子允昌贈光祿寺署正

商洵美以孫盤贈翰林院編修
吳調元以子光廷贈文林郎
鄭梁傅以子文蘭贈文林郎
高　衡字永憲歲貢以子克藩贈文林郎晉封奉政大夫
高克順太學生以子紹忠封武德將軍
魏　鏞以孫敦廉貤贈奉政大夫
陳錫輅以子之銓文緯累贈通奉大夫
尹遠服以子大謙贈登仕佐郎
周九齡以孫際昌貤贈文林郎
周綬佩以孫貴攢貤贈文林郎
周貴玫以子大用贈修職郎

商元柏以子盤累贈中憲大夫
鄭漢愉迪功郎以孫文蘭贈文林郎
高希貞庠生以孫克藩貤贈文林郎晉封奉政大夫見孝行
高　徵庠生字永維以孫紹忠封武德將軍
高克廣廩貢考授國子教習以子紹圓封徵仕郎
陳化育庠生以孫錫輅贈中憲大夫曾孫之銓文緯累贈通奉大夫
周亮家以子之默贈修職郎
周鳳崗以子際昌贈文林郎
周逢悌以子貴攢贈文林郎
張廷傑以子書紳贈修職郎

周貴玢以子嗣業贈登仕佐郎

陳　奇以子綱贈武略騎尉

裘克配附貢生以子巽坤封儒林郎

裘　淵庠生以子國元封武德騎尉

裘　健庠生以姪怡荊馳贈文林郎

裘兆麟以繼子曜贈武信騎尉

張　聰庠生以孫琮贈奉直大夫

喻大中以子莘贈修職佐郎

宋家培以孫仁華馳贈文林郎

王學立以孫景章馳贈奉政大夫

喻經邦廩貢以子道鈞贈修職郎

邢知甫字師陶以子照封修職郎

陳堯仁以孫綱馳贈武略騎尉

裘　炳庠生以孫坤馳贈儒林郎

裘　涉庠生以姪國元馳封武德騎尉

張月鹿以子基臺贈修職郎

裘　坎貢生以子怡荊封文林郎

裘　艮附貢生以子怡蕙封修職郎

裘兆鰲以子曜贈武信騎尉

張永清以子琮贈奉直大夫

周藏用以子恕贈登仕佐郎

宋敦粹以子仁華封文林郎

王忠亮以子景章封奉政大夫

邢處清字鳳山以子復旦封文林郎

周奉璋增廣生以子華齡封文林郎
周愛棠庠生以子松齡封文林郎
魏雨沽字實豐以子敦廉封奉政大夫
張永裕以繼子景星贈翰林院庶吉士
錢　江鄉賓字萬超以子世瑞封中憲大夫
丁進艮以子封三封修職郎
錢　釗附貢以子沛封通議大夫
周　恕祁州吏目以孫之鏞貤贈奉政大夫
裘成忠以孫嗣錦贈朝議大夫
錢宇美太學生以孫維翰貤贈朝議大夫
喻之杞字樹南以子坤贈修職佐郎
吴金科庠生以子光煦封奉直大夫

周宗濂庠生以孫華齡貤贈文林郎
裘玉章試用訓導以子錦贈修職郎
魏　謙字咸尊以子懋昭封修職郎
張　和歲貢以子景星贈翰林院庶吉士
王麟書以子譽封文林郎
錢萬獻字文侯以姪世瑞贈文林郎
錢　珍貢生以孫沛封通議大夫
裘　坤州同以孫鎔成貤贈奉直大夫
周東潤國學生以子之鏞封奉直大夫
裘經國國學生以子嗣錦贈朝議大夫
錢　琮貢生字懷璞以孫沛恩貤贈朝議大夫
馬紹堯字明川以子錫華贈五品銜

裘怡蕖訓導以子鎔成封奉直大夫
鄭　鏞字牧莊以子宗濂贈修職郎
黃克中以孫雄飛贈武德佐騎尉
范廷獻以孫振標贈武德佐騎尉
呂錫璋字栗齋庠生捐授府知事以子芬贈修職郎
吳聲文字嶔齋封六品銜
俞丹書國子監典籍以孫汝言贈儒林郎
裘發祺以子釗封修職郎
史　淵以子撰封登仕佐郎
陳景芳以子斯槃封奉政大夫
裘震元國學生以子萬清封奉直大夫
邢啓強以子匡國贈徵仕郎

任雲峯國學生以子湘贈修職郎
吳金和庠生以繼子光煦封奉直大夫
裘怡萊字瑞和以子瀛成封修職郎
丁　集國學生以子敬書贈修職郎
黃紹坤以子雄飛贈武德佐騎尉
范道立以子振標贈武德佐騎尉
俞作滺以子汝言封儒林郎
魏敦貞字介菴以婿吳光熙貤贈修職郎
陳世英庠生字卓齋以孫斯槃贈奉政大夫
呂永和以子潮封修職郎
裘恆紹以子印辰封奉政大夫
姚建功居晉溪以子宗華贈修職郎

袁維麟居碧溪以孫彙訓贈徵仕郎

宋以下蔭

趙士實以祖父蔭官至開國侯見寓賢傳

錢　奎以祖蔭補越州司馬參軍見寓賢傳

姚　寬以父舜明蔭補官見鄉賢傳

求多見字守道以父元忠知明州捧表恩補將仕郎累官溫州知府太僕寺丞佐朝議大夫致仕

商維新又新之兄以祖蔭授台州司戶

求之奇字仲穎多聞子以祖移忠蔭補將仕郎未及銓選卒

趙不怎字德容士實姪父士輔爲佐承議郎不怎以祖仲營蔭補忠翊郎官至武德大夫

袁璧臣以子彙訓贈徵仕郎

竺　晟以父簡蔭補著作佐郎　按簡河東人紹興初扈駕南遷遂居剡

求多聞字守約以父移忠蔭官寶應縣主簿

求多譽字守實以父元忠溫州知府恩補將仕郎除淮南轉運司幹辦致仕　按進士內元忠知衢州臨安而多見多譽何又以明州溫州恩蔭也此類舛錯甚多偶表出之

邢　詳以父達蔭官翰林承旨

呂　詢祖璟子以蔭補浦城縣丞詢之子慶亦以蔭補南豐主簿

周之相字有道以父汝士蔭補將仕郎累官鄞州觀察使承直郎開禧丁卯卒鄂州

求承祖字子紹以祖元忠恩補將仕郎遷監察御史賜緋魚袋歷朝散大夫兵部郎中賜金魚袋知湖州除沿海置制司參議

呂汝霖以父諒蔭補將仕郎

史仕通字國用鄞人父必裕開禧三年鄉舉官至金華知府秩滿道嵊愛山水佳麗因家於積善鄉仕通以祖文侯恩補承務郎紹定四年知贛縣卒於官見周志

求倬字漢章以祖多見蔭補將仕郎改授仙居主簿遷文林郎撫州軍事判官

童驥郡馬霓之子蔭補重慶府判

求興祖字子發以祖元忠恩補將仕郎累官通直郎溫州司法

黃頤以父溥蔭官宣議郎子貴晉中奉大夫

求昭祖字子明以父多見恩補將仕郎累官福州司理致仕

求揚祖字仲舉以祖元忠恩補將仕郎除御史歷朝奉大夫通判潭州軍事知台州致仕

求師說字巖卿興祖子以祖多見蔭授成都提舉司幹官遷淮東置制司幹辦

求作德字德夫以父揚祖恩補將仕郎累官承直郎奉化縣丞

錢植字德茂婺州推官介之子以蔭補朝奉郎

周　濬以父忠和蔭官中議大夫

南宋淳熙時自台州徙剡之四十一都長樂莊

求得宜字行甫以祖承祖蔭補將仕郎累官岳陽節度推官

求　循字良夫得宜子以曾祖承祖蔭補將仕郎累官承直郎僉判衢州軍事致仕

張元卿淳祐六年以父憖授宣州文學八年授迪功郎新建縣主簿

明

韓　嶧字允暘以父宜可蔭歷官雲南參政自山陰遷嵊十五都靈鵝里

周孕東字無執以父汝登蔭歷官刑部雲南司郎中

邢復初以父應麟襲千戶戰死黑松林

喻允瑛字席兹以父安性蔭歷任南前軍府經歷嚴覈世冑夙弊一清生平有行誼曾於旅寓貸金完人夫婦

邢越童復初子襲千戶

清

童如壽以父維坤蔭襲三江所百戶

陳長齡以父文緯三品蔭捐補員外郎

陳　彝以祖文緯蔭朝考一等授廣西修仁知縣

吳敦安以父湘江蔭以縣主簿用

裘獻瑞以祖永初蔭世襲雲騎尉

宋世言以祖運周蔭世襲雲騎尉

張名芳以祖容蔭世襲雲騎尉

郭世安以父誦芬蔭世襲雲騎尉

周友誼以父肇嘉蔭世襲雲騎尉

潘恩燊以父振治蔭世襲雲騎尉

商寶慈以父維揚蔭世襲雲騎尉

錢光鼎江蘇候補同知以父世瑞蔭世襲雲騎尉

陳錫祚以祖德光蔭候選主簿

裘引初以父省成蔭世襲雲騎尉

陳慶桂以父世昌蔭世襲雲騎尉

邢慶瀾以祖燦蔭世襲雲騎尉

尹天傑以父貞蔭世襲雲騎尉

張汝承以祖福星蔭世襲雲騎尉

施慶萃以祖乃溥蔭世襲雲騎尉

孫亦沾以父雲標蔭世襲雲騎尉

嵊縣志卷十二終